吾輩はアホである

著＝遠藤章造

目次

はじめに 6

第1章 生まれながらのアホ

父から受けた虎の英才教育 11
色気づいた小5の僕が1万円で買ったもの 15
弟が優等生になったのは僕のせい 18
生徒会会長として〝みあたな〟運動を掲げてみた 20
学生時代から培ったサービス精神 23
昔から女の子が大好きで…… 27
最強チームのショート!? 田中直樹、現る 31
直ちゃんの謎のベールがはがされる 35
ダウンタウン、とんねるず直撃世代です 38

第2章 野球に打ち込んだ青春時代

こういう人がプロに行くんやろうな 43
今、ここでたこ焼き食う? 48

50 直ちゃんとダブルデート
56 野球留学1期生として香川の高校へ
58 妄想が〝びんびん〟に暴走
64 アホすぎて危機一髪！
68 せこいプレイに磨きをかけて
71 プロになるのを諦めた日
73 大恋愛、始まる
78 入社半年で営業成績1位に！
82 卒業文集に書いた将来の夢

第3章 ありのままのアホのままで

87 直ちゃんを誘って東京へ
91 東京って怖い……。腕毛事件
95 コンビ名が『ココリコ』になった訳
98 結成1カ月で舞台デビュー！
105 やらかしまくりの超若手時代
110 バチバチの銀座7丁目劇場！

113 ココリコ唯一の大ゲンカ勃発
120 借金苦と25円の給与明細
124 前説のプロ!?
130 芸人として試される『ガキ』
133 僕から見たダウンタウンさん
139 ありのままで「ホホホイ」誕生!
143 ありがとう「笑ってはいけない」シリーズ
145 初の冠番組『黄金伝説』は本当に過酷だった
152 ホスト冥利に尽きた『ココリコミラクルタイプ』
155 タモリさんと合コンに!
161 誰かと比べないから挫折はない

第4章 スターから学んだこと

165 木梨憲武さんは生粋のエンターテイナー
169 スターからの粋なプレゼント
171 いつもニュートラルなタモリさん
173 目に焼き付いた、さんまさんの背中

175 憧れの浜田さんのジーパン
177 先輩方のかっこいい立ち振る舞い
180 軍団山本の愛すべきトップ
186 「淳、人におしっこかけたらあかんのやで」
190 苦手な人？　めちゃくちゃいます
192 アダルトＤＶＤを探してどこまでも
194 知らないおっさんに〝気〟を入れられた話

第５章 これからのココリコ、そして遠藤章造

201 大好きな趣味が仕事になってきた
203 だからゴルフはやめられない
209 結婚も離婚も芸の肥やし⁉
211 ココリコで汗をかいていく
214 田中直樹という存在
216 引退

220 おわりに

はじめに

ホホホイホホホイホホホイホーイ！　どうもココリコの遠藤章造です。このたびは本書を手に取っていただき、誠にありがとうございます！

あまり過去を振り返らないタイプの僕がこうした回顧録のようなものを世に出すのは非常にお恥ずかしい限りですが、小学校・中学校の同級生である田中直樹と1992年にコンビを組んで、はや30年。さらに自身も50歳を超え、気づけばもう〝ええおっさん〟になった今、なんとなく少し立ち止まってみたくなりました。

そうして改めて自分の人生、芸人として歩んできた道のりを振り返ってみたときに、浮かんできたのがこれまでご縁のあった方々への「感謝」の気持ちでした。

僕は、芸人として決して〝一流〟とはいえません。それなのに、今でもこうして芸能界の端で、歩みを止めることなく、牛歩ながらもゆっくりと進んでこられているのは、奇跡以外の何物でもありません。

では、なぜこの奇跡が起き続けているのか。それは、出会ってきた人たちに恵まれていたから。縁とタイミングが奇跡的に重なり合い、出会ったみなさんに〝おんぶに抱っこ〟の状態でここまでやってきたわけです。

プライベートでは家族や友達、仕事の現場ではマネージャーさん、スタッフさん、演者さん……と、数え切れないほどの人に甘え、頼って生きてきました。どの縁も、欠ければ今の僕はないと言っても過言ではありません。

だからこそ、ココリコ結成30周年を迎えたタイミングで、これまで僕を快く〝おんぶに抱っこ〟してくださった方たちへ、素直に「ありがとうございます」と伝えたい。いわば感謝の印として、本というカタチに残そうと思った次第です。

となると、まずは僕がこれまでどんな人と出会い、どんな人生を歩んできたのかをひもといていく必要があるわけですが……当然のことながら誰も聞いてくれない(笑)。だから、「自らさらせ!」というスタンスで、赤裸々に書き始めました。

世の中には、自分の決めたカタチを崩さず、ストロングスタイルでそのまま何事も突破できる人は確かにいますが、それはあくまでごく一部。芸人でいえば、僕が憧れてやまないダウンタウンさんやとんねるずさん、ほかにもたくさんおられますが、いわゆる一流のスーパースターといわれる存在だけです。

かといって、誰もが気軽に〝おんぶに抱っこ〟してもらえるわけでもありません。そんな中で、僕がたくさんの方々にお世話になり、生き馬の目を抜く芸能界で生き抜いてこられたのは、ひとことで言うと〝アホ〟だからです。

アホであるがゆえに、過去に騙された経験は多々あるし、うまくオブラートに包めず、若い頃には自分の感情をストレートに出してスタッフさんと揉めたこともあります。そのせいで縁が切れた人もいるとは思いますが、大部分は「ホンマにアホやなぁ」と笑って済ませてもらえました。

自分で言うのもなんですが、僕は全員に好かれようと思っていない。嫌いな人に好かれる必要もないし、あえて敵を作る必要もないと思ってるんです。好きなものは好き、嫌いなものは嫌い、アホがゆえ裏表がなく、計算して立ち回れるほど器用でもない。なんせ、天然のアホですから。いい意味で態度に出てしまう。

基本的に、出会い頭から「僕はこんな人間なんです！」とさらけ出します。さらに、好意を持っている相手に対しては「あなたを好いています！」という気持ちを前面に出すので、相手も安心して僕をかわいがってくれるのかもしれません。

おかげで、これまでダウンタウンさんをはじめ、とんねるずの木梨憲武さん、タモリさん……といったそうそうたる方々にプライベートでも仲良くしていただけるようになった。さらにご一緒した時間や数々の金言が僕の血となり肉となり、今の幸せな暮らしにつながっているわけです。

結局は「アホやから」という結論に至るので、なんの参考にもならない可能性もありますが、ただの野球少年だった僕がどんなふうに生き延びてきたのか、この本でみなさんにさらけ出そうと思います。

シンプルに「遠藤って昔からアホやったなぁ」と気楽に読んでもらえたらと思いますし、もしも「人付き合いが苦手」「今まさに人間関係に悩んでいる」という人がいれば、こんなアホな生き方をしてもそれなりにやっていけるんだなと、少しでも肩の力を抜くきっかけになればうれしいです。

第1章 生まれながらのアホ

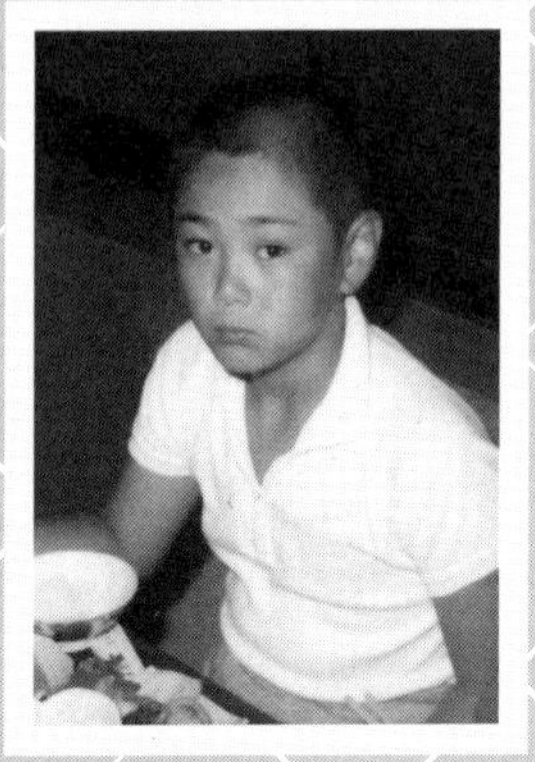

父から受けた虎の英才教育

僕が子ども時代の大半を過ごした、大阪・豊中市。上空を着陸直前の飛行機がひっきりなしに飛んでいて、公園で遊んでいても会話がままならないほどの住宅街の一角に僕の実家はありました。

以前、ロンドンブーツ1号2号の（田村）淳がロケで僕の実家に来たことがあり、街を歩いているときに「うわー、なんか遠藤さんぽい街だなぁ」と言ったんです。要するに、「可もなく不可もない」。特別すごいわけじゃないけれど、嫌な気分もしない、そこそこいい街だね、と。豊中の方々には申し訳ないけど、僕はそれを聞いて、「確かに」と妙に納得した記憶があります。

そんな街で、少年時代の僕はずっと野球漬けの毎日を送っていました。

親父は生粋の阪神タイガースファンで、「江川（卓）、原（辰徳）、（当時、日本テレビアナウンサーの）徳光和夫は悪い人間やねんで」が口癖。「掛布（雅之）、岡田（彰布）、（朝日放送アナウンサーの）植草貞夫はいい人やから」という、とてつもない偏見に満ちた教育を受けて育ちました。

余談ですが、僕は島田紳助さん司会の『嗚呼！バラ色の珍生!!』という番組の前説をさせていただいていて、そこにはレギュラーパネラーとして徳光さんも出演されていました。親父の教えが根強く刻まれていた僕は、徳光さんに初めて会ったときにメンチを切ってましたから、もうアホとしかいえません……。でも、2回、3回……と会うたびにめちゃくちゃ優しくしていただいて、「あれ？全然悪い人間じゃないやん、めっちゃええ人やん。親父が言うてたことと違うかも？」と、気づけば大好きになっていました。おかげで洗脳が解けました（笑）。

話を戻しますが、大人になってからも徳光さんにメンチを切ってしまうほど親父に洗脳されていた僕は当然、幼い頃からタイガースを応援していました。

リビングにブラウン管のテレビが一台だけあって、チャンネル権を持っているのは親父。18時になるとサンテレビでタイガースの試合を見るのが習慣でした。

試合に負けると、その瞬間、遠藤家は消灯。まだ21時～21時半くらいなのに、不機嫌な親父が「寝るぞー！」と電気を消してしまうんです。家中がシーンとして、少しでも物音を立てようものなら「うるさい、こらぁ！」と怒鳴られる。

逆に、勝つと翌日がどんなに早起きでも、『プロ野球ニュース』を最後まで家族全員で見なければいけないというルールがありました。

だから僕も小学生ながらに、宿題をしながら横目でちらちらと試合の展開を確認して、「8対1で負けてるな。もう7回か。逆転はでけへんから、今のうちにお風呂に入っとこ」などと自分の動きを決めていた。それくらい我が家は野球、というか阪神タイガースを中心に生活が回っていたんです。


その上、親父は僕をどうしても阪神タイガースの選手にしたかったらしく、今考えたら絶対にダメなんですが、家の前の土地に勝手にネットを張ってライトまでつけて、僕を特訓する日々。しかも僕は右でも左でも打てるのに、強制的に右打ちに専念させられました。

というのも、タイガースの本拠地である阪神甲子園球場は、浜風といってライトから強烈な風が吹いてくるんです。だから左バッターは不利だという理由で右打ちの練習ばかりさせられ、「鉛筆を持って宿題する暇があったらバットを持って素振りをしとけ」という鬼コーチっぷりでした。

勉強よりも野球優先。そう考えると、まさに「この親にしてこの子あり」で、僕のアホさは親父譲りなんだと実感しますね。

ここまで書くと、うちの親父は『巨人の星』の星一徹のように頑固で厳しいイメージを持たれるかもしれませんが、そんなことはありません。「他人に迷惑さえかけなければ別に何してもええよ」みたいな緩さも持ち合わせていました。

そして小学2年生のときに硬式球を使ってプレイするリトルリーグチームに入ることになったのですが、当時は父兄がコーチを務めていて、中でもうちの親父が子どもたちから一番人気があったんです。優勝した試合では監督の次に胴上げされたほど。

なぜそんなに人気だったかというと、やっぱりアホだったからなんでしょう。審判をするときに普通の人は「ストライク」「ボール」と淡々と言うんですが、親父だけは「スットライィ〜〜クッ!!!!」とか（文章だと伝わりづらいですが）、声にわざと変な調子をつけてコールするという芸を披露していました。芸？　とにかく周りを少しでも楽しませたいという心意気が、子ども心をくすぐったんだと思います。かといって、注目を一身に浴びながら人前に出て笑わそうというタイプではなく、隙あらば何か仕掛けて爪痕を残してやろうと狙っている。そういうところは僕にもしっかり遺伝しています。

実際、僕も輪の中心にはいなくてもいいけれど、1軍の4〜5番手くらいには位置していたい。その点では、親父も僕も位置取りはうまかったんじゃないでしょうか。空気を読みつつ、自分がこんなふうに立ち回ればこの輪の中で楽しくやっていける、その嗅覚は、子どもの頃から培われてきた気がします。

色気づいた小5の僕が1万円で買ったもの

野球漬けの毎日の中で、親父とは当然、衝突もしました。そのフォローをしてくれるのがおかん。優しい人で、「勉強しなさい」と言われたこともない。そんな穏やかなおかんに激怒された思い出が今でも強烈に心の中に残っている。

小学5年生のときでした。僕も少し多感な時期に入っていて、クラスに好きな女の子がいたこともあり、遠足か何かの前にちょっといい服を買いたいとなったんです。「これで服を買っておいで」とおかんに渡された1万円を握りしめ、初めてひとりで自分の服を買いに行きました。

本来なら梅田などのオシャレな百貨店で買い物をするんでしょうけど、そんな考えなど浮かばなかった僕がチャリンコで向かったのは最寄りの服部駅（現・服部天神駅）前の商店街。よくわからず入った婦人向けのブティックで、店のおばちゃんに「似合ってるで〜」とおだてられたのを真に受けて、ド派手な色のシャツを1枚９８００円で買ったんです。

今振り返ってみれば、なぜ婦人向けブティックに入ったのか、おばちゃんの言葉を信じたのか、明らかに女性ものでサイズもだぶだぶのシャツを買ったのか、突っ込みどころが満載すぎて笑けてきますが、当時の僕は真剣です。店自体、商品が全然売れていないような雰囲気だったから、おばちゃんからしたら僕は〝いいカモ〟だったのは間違いない。

僕は今もですが、服を買ったらすぐにその場で着用したい人なんです。なので、そのときも着ていた服を袋に詰めて、新しい服のタグを切ってもらい、それを着て帰りました。そして家に着いた途端、僕の姿を見たおかんが、まずひとこと。

「何なん、その服」

「お店のおばちゃんに似合うって言われて買っててん」

「なんぼしたん?」

「9800円」

その瞬間、「何してんねん、あんた!」と首根っこをつかまれて、商店街に連れ戻されました。

「うちの息子が間違えて買ってしまって、すみません」

おかんはそう言ってお店のおばちゃんに頭を下げて、シャツを返して返金してもらいました。その足で、今度は隣の庄内駅にある複合ビル『サンパティオ』へ。

1階の、今でいうセレクトショップに入り、そこでジーパンとTシャツ、上に羽織るシャツ、さらに帽子までつけて総額4800円。「あ、そうなんや、一式5000円以内で買えんねや」と衝撃を受けました。

この出来事はわりとトラウマになっていて、50歳を過ぎた今でも一点豪華主義での買い物はできない。値段を見て、「あ、これは高い。ちょっとやめとこう」とパスする。1万円あれば、「シャツとズボンが買えるな」といまだに思ってしまうんです。

弟が優等生になったのは僕のせい

3つ下に弟がいます。僕を反面教師にしていて、「人生で博打なんて打ちませんよ」という素晴らしく堅実な人間です。

22歳で19歳の奥さんと結婚して、3人いる娘のうち2人は既に成人。僕がかつて、妻が隣で寝ている夜中に携帯にメールが来たらドキッとしていたこととか、内緒で携帯を2つ持っていたこととか、彼にはそんな経験は一切ないはずです。

あまりに正反対なので、僕のことをどう思っていたのか、一度聞いたことがあります。

僕たちは第二次ベビーブームど真ん中の世代で、中学は1クラス40～50人が10クラス。それが一中から十八中まであった中、僕はそこそこ名前が通っていたんです。同い年に巨人の作戦兼内野守備コーチ（2023年時点）を務めている元木大介さんがいて、〝十二中の元木・四中の遠藤〟みたいな感じで噂されていたとか。

小学生の頃は、いわゆる〝4番でエース〟、おまけにキャプテンもしていたので、同じように野球をやっていた弟は常に周りから「あの遠藤の弟ね」という注目のされ方をしていたらしいんです。それが嫌で野球をやめたときに、「兄貴と同じようなことをしてもあかんから、もう真逆をいったろう」と決意したみたいです。

仲のいい兄弟ですが、子どもの頃はもちろん兄弟ゲンカもしました。すごく覚えているのは、小学生のときに宇宙戦争にまで発展したケンカ。きっかけは些細なことです。

僕の机と弟の机は並んで置いてあって、僕の机には当時はやっていた『機動戦士ガンダム』のプラモデル、弟の机には『装甲騎兵ボトムズ』のプラモデルが飾られていました。弟は僕の舎弟みたいなものだったので、いつものように「ちょっとガリガリ君買ってきてくれや」と命じたところ、「いやや」と拒否されて。「お前、誰に『いやや』言うてんねん」と、ボトムズをパーンと手で払ったんです。

そうしたら弟が仕返しでガンダムをパーンと払って、大ゲンカが勃発。僕たちの周囲だけちょっとした宇宙戦争が起こり、どちらのプラモデルも粉々に……。一機も残らず全滅しました。

あまりに無残な姿がいたたまれなくなって、結局2人でジオラマ用の箱を買ってきて、底にボンドを塗って葉っぱを敷き詰め、壊れたガンダムとボトムズの破片を、いかにも死闘の末という雰囲気にコラージュしたところ、「ええやん」みたいな感じで仲直り。今でも鮮明に覚えていますね。

そんな弟が『ダウンタウンのガキの使いやあらへんで！』の特番「笑ってはいけない」シリーズに出てきたときには本当にびっくりした。その後、両親、前の妻、挙げ句の果てには口説き落とし損ねた女性まで出てくるようになって……こんなカオスな状態を大みそかの全国放送で流されるんや……と思ったものです。まあ、それも含めて僕をイジってくださる番組には感謝なんですけどね。

生徒会会長として〝みあたな〟運動を掲げてみた

僕自身はどんな子どもだったかというと、なぜか両親や近所に住む祖父母の期待に応えたい気持ちが強かったのもあり、何かと目立っていたほうだと思います。

「章造が小学6年生になったら、運動会で選手宣誓してほしいなぁ」

おじいちゃんがお酒を飲みながらボソッと言った言葉を聞き逃さず、選手宣誓の代表に立候補して実際に誓いの言葉を述べたり。

「章造が生徒会の会長とかやったら、かっこええなあ」

と言われたら、生徒会会長に立候補して当選したり。

単に自分が目立ちたいというよりは、「身内が喜ぶなら」という思いが行動を起こすときの原動力になっていた気がします。

ただ僕には小ずるいところがあって、選手宣誓にしても生徒会会長にしても、ひとりでは何もできないから賢い参謀で脇を固めるんです。

選手宣誓には決まったセリフがあったわけではなく、アドリブだったので、運動会の2日前くらいに頭の切れるやつのところに行って「ええ感じの文章ないかなあ」とお願いして書いてもらい、僕は覚えるだけ。生徒会会長をしていたときは副会長と書記にめちゃくちゃ頭のいい男女を据えて、基本的な作業は彼らにしてもらい、代表して話すときだけ僕が立つ。

そういう構図になるような人間関係作りは、子どもの頃からうまかったんです。

かといって、ガキ大将というわけではまったくない。ジャイアンみたいなやつは別にいましたから。そういう子たちとも仲良くしつつ、でも絶対にグループ入りはしなかった。そのあたりは身の振り方というかバランスを考えながら、程よい距離感をキープしていました。おかげで、いじめられたこともいじめたこともない学校生活を送ることができたのは幸運でしたね。

でもベースはアホなんで、ちょっとずれたことをしてしまうんです。生徒会会長をしていたときにもありました。

生徒会は前期と後期で分かれていて、僕は後期の会長を務めたんですが、前期の会長がものすごく優秀な子で「オアシス運動」を実践したんです。オアシス運動は「おはようございます」「ありがとうございます」「失礼します」「すみません」の頭文字をとった挨拶運動で、彼は「1年生から6年生まで、みんながちゃんと挨拶できる学校にしていきましょう！」と有言実行した。

その前期を受けての後期なので、僕もオアシス運動に代わるような良いスローガンを掲げたかった。どうしても！　いつもは参謀の2人にお任せですが、ここはない頭で知恵を振り絞りました。出てきたのは……

「みんなで遊ぼう、楽しい仲間」だった。

スローガン自体は非常に素晴らしかったんですが、何を間違ったか僕はオアシスに対抗して略してしまった。

「後期の会長になった遠藤です。これから『みあたな運動』を広げていきたいと思います！」

全校児童の前で朝礼台に立ち、そう宣言したまでは良かったものの、「みあたな……？　入ってこーへんなぁ……」と全校生徒はポカン。以降、まったく浸透しませんでした。

そりゃそうですよね。〝オアシス〟はスッと頭に入ってきますけど、〝みあたな〟ってね……。でもアホな会長だった当時の僕は、名案だと信じきっていました。

学生時代から培ったサービス精神

学校では人気者でしたが、放課後は友達と遊ぶというよりは、親父との野球特訓がメインでした。時には公園のグラウンドで友達と野球をすることもあったものの、夕方になると仕事から帰ってきた親父がノックバットとグローブを持ってフラーッと自転車で現れるんです。それを友達もみんな知っているので、親父の姿が見えると自然にサーッと離れていく。そして同じグラウンドの隅で、僕だけ別世界にいるかのように親父との一対一のノックが始まります。休日も朝から野球チームの練習がありましたし、親父との特訓はほぼ毎日でした。

プライベートで友達となかなか遊べないのはつらかったですが、先ほども書いた通り、身内の期待に応えたい思いが強かったので、「阪神タイガースの選手にしたいというお父さんの夢をかなえたい」「僕が真剣に野球をやったら、きっとお父さんは喜ぶんやろな」が猛特訓に耐えるモチベーションになっていました。

それに、僕自身もその頃はプロ野球選手になるつもりでしたしね。

僕の憧れは、掛布雅之選手。当時、周りの野球少年はみんな、掛布選手と同じ4番サードで背番号31をつけたがったものです。

スポーツに限らず勉強でもなんでも親の夢を託されて厳しく指導される場合、人によっては思い詰めて変な道に行ってしまうこともあると思います。僕はある意味、鈍感で、期待されるほどやる気が増す。さらに「なんとかなるでしょ」という楽観的な性格が功を奏しました。

体育会系の縦社会が厳しい世界に長く身を置いてきましたが、先輩に怒られた記憶がほとんどない。人間なんで当然、好き嫌いはありますよ。でも、いざこざを起こすようなことは極力しません。嫌いな人間とは、しゃべらないようにするくらいです。一方で、みんなと食事に行くとき、好きな先輩や後輩から「これを食べたい」と言われたら、僕はたいてい「それでいいよ」と快諾します。好きな人には喜んでもらいたいから、合わせるのがまったく苦にならないんです。

もちろん、ちゃんとしないといけない場面でそれができていない人間に怒ることはあります。でも、「怒ったらその後が大変やで、褒めるのに10倍くらい費やさなあかんねんで」という、誰かから聞いたような気がする言葉が心の片隅にあるので、めったなことでは怒らない。怒ったら、そのときの何倍ものフォローをしなければいけないと思っています。

だから野球でも、高校までずっとキャプテンを務めつつも、「俺についてこい！」とチームメイトを引っ張っていくタイプではなかった。「どう思う？」と周囲に意見を求めて、調整するタイプでした。おかげで、揉め事に巻き込まれることが少ない人生を送ってこられたのかもしれません。

芸能界に入って、51歳になった今は「周りが喜んでくれるならそれでいい」というベースに戻ってきているのを実感します。かつては「自分が求めているところではない場所で笑われたら嫌だな」と思っていたのが、「イメージとは違うけど、笑ってもらえてるからアリね」になっている。

子どもの頃の感覚に戻っているというのは田中さんとの関係性もそう。2人の関係については後で詳しく書きますが、最近は相方というよりも〝友達〟に戻っている気がする。2021年にYouTubeで『ココリコチャンネル』を開設してから田中さんもよく言っています。コントを配信するにあたって「遠藤さんが楽しんでくれているかな？と思ってやっている」と。

おかげで今は、何事にも肩の力を抜いて取り組めています。

昔から女の子が大好きで……

実は小学6年生まではそこそこ勉強もできたんです。人間性がアホなだけで、自分で言うのもなんですが顔は意外とかわいらしかったし、野球がうまくて、頭がいい。三拍子そろっていたので、まあまあモテた。バレンタインのチョコレートは結構もらった記憶があります。

記憶は断片的ながら幼稚園の頃からちょっとマセてて、女の子が大好きでした。今でこそ世間の空気をしっかり読み、理性を保って暮らしていますが、当時は担任の女性の先生が大好きで、何か関係をもてたらいいなと虎視眈々《こしたんたん》とチャンスを狙っていました。もちろん、関係といっても性的な意味ではないですよ。ほかの園児たちとは一線を画すような、先生にとって特別な存在になりたいと思っていました（どんな立場やねん）。

ただ、先生はあくまでも「かわいいお姉さんやなぁ」という感覚。初恋はまた別です。相手は、幼稚園の同級生のMちゃん。多分、両思いだったと思います。

忘れもしないある冬の日のこと。彼女の家に遊びに行ったときに、お父さんに「スーパーにちょっと買い物に行ってくるから、２人で留守番しとってな」と言われたんです。

こたつに入りながらテレビを見ていて、僕がつい彼女の足に自分の足を絡めたら、Mちゃんも絡めてきて……。でも幼稚園児ながらに「したらあかんことだ！」というのは2人ともわかっていたので、お父さんが帰ってきた瞬間、急いでパパッと離れた。怒られるんちゃうかと死ぬほどドキドキしたのを覚えています。

その後、Mちゃんは小学1年生のときに転校してしまい、僕の初恋は終わりを告げました。

次に好きになったのが、小学5年生で同じクラスになったFさん。あまりに好きすぎて、授業中にFさんが右手を挙げたら僕も右手を挙げ、左手に変えたら僕も左手を挙げ、答えに自信がないような挙げ方をしたら僕も同じような挙げ方をして……とマネをすることで勝手に好意をアピールしていました。アホでしょ。

でも多分、彼女も僕のことを好きだったと思います。よく一緒に遊んだし、卒業式には相合い傘を差したりもしました。

卒業式前にクラスでお別れ会をしたときには、オフコースの『さよなら』をBGMに、みんなで輪になって号泣。僕もFさんと離れるのが寂しすぎて、人目もはばからずめちゃくちゃ泣きました。彼女にも泣きながら「離れたくない〜」と言ったはずです。

でもその年頃って女の子のほうが精神的に大人なんで、「中学一緒やん」って返されて。それでも、僕は「でも嫌や、離れたくない〜」。ピュアでしたねぇ。

それから数週間後、中学の入学式でクラス発表の紙を見たら……。

「同じクラスかい！」

お別れ会の涙を思い出して、あまりの恥ずかしさにひとり頬を赤らめました。

結局、彼女とはそれっきり。正式に付き合うことはなかった。


というのも僕、中学デビューを果たすんです。

アホなりにも先生に怒られるようなことはしなかった優等生から一転、ものすごく〝困ったちゃん〟に変貌。いわゆる女子にいたずらをするタイプ――女子からは「遠ちゃん、こっち来んなや」と警戒される人間になっていきます。

「うぃー」とふざけながらスカートめくりをするとか、率先して女の子にちょっかいをかけるようになった。小学校時代の僕を知っている子からしたら、「いやいや、そんなタイプちゃうかったやん」ですよ。

当然Fさんも、「あの、オフコースで泣いてた遠ちゃんじゃない。もうええわー」とばかりに疎遠になりました。

なぜそこまでキャラ変したかというと、入学と同時に自分の立ち位置を確立しておきたかったから。

僕が通った第四中学校は3つの小学校から生徒が集まるので、ある意味、それまでの人間関係がいったんリセットされるわけです。改めて自分のポジションを模索する必要が出てくるため、まずはスタートダッシュが大事になります。

前にも書いたように地元では野球でそこそこ知られていましたが、それだけではキャラとして弱い。もうひとつ何かキャラを乗っけておきたいな、というところで「ケンカ？いやいやそんなタイプじゃない」「でもヤンキーともそれなりに仲良くしとかなアカンし」……と検討した結果、「よし、これは女子に『ウェーイ』とちょっかいかけられるタイプの人間になろう」と決心しました。こういうタイプは、意外とヤンキーにも一目置かれるんですよ。「遠ちゃん、あいつのスカートよくめくれるな、すげーな」と。

つまり13歳の僕は、根は女性好きでありつつも、中学3年間は男ウケを狙ったほうが楽しく生きていけると開き直ったんでしょうね。

最強チームのショート!? 田中直樹、現る

小学2年生のときに入ったリトルリーグチームは、ちょっとした大人同士の揉め事が原因で、小学5年生でやめることに。でも野球は続けるとなったとき、次はどのチームでプレイするかで悩みました。

当時、豊中市には『豊島パワーズ』というエリア最強の少年野球チームがあり、そこに入る選択肢もあったんですが、せっかくなら超エリート軍団に勝ちたかった。そして選んだのが、『豊中トンボクラブ』。すごく優しい名前でしょ。しかもユニホームに入ったトンボのイラストもしょんぼりと下を向いているんです。「せめて上を向いとけ」と思わず突っ込みたくなるくらいの弱小チームでした。

そこで僕は残りの小学校生活を4番でエース、そしてキャプテンとしてがんばりました

が、結局『豊島パワーズ』とは2回対戦してどちらも負けました。

実は『豊島パワーズ』には、後に相方となる田中さんも所属。しかも同じ小学校でしたが、しゃべったことはなかった。ただ、ピッチャーに次ぐ花形ポジションであるショートを守っていたんで、「相当うまいんやろうな」とは思っていました。

田中さんは小学生の頃から見た目はあまり変わっておらず、ひょろっとした子でした。また、おでこの形が表彰台みたいにカクカクしており、体毛自体は薄いのに肘から下の腕毛だけ異常に長いという個性を持っていた。それが印象的で、僕の中のイメージは「おでこが変な形で、腕毛がすごい長い、野球のうまい人」。さらに、「何をそんなに思うことがあんねん！」ってくらいボーッと物思いにふけっていましたね（笑）。

ライバル意識なのか、子どもながらに「『豊島パワーズ』の子たちとはあまり仲良くせんとこう」みたいな気持ちがあったようで、小学校時代はどことなくよそよそしい関係でした。

そんな田中さんと一気に距離が縮まったのは、中学生になってから。中学1年生で同じクラスになったことで、今の人生がある程度決まったと言っても過言ではありません。

僕からしたらすでに一目置いている存在ですから、同じクラスだとわかり「わ、豊島のショートの直ちゃんやん！」と少し胸がざわめいた。あ、当時は田中さんのことを〝直ちゃん〟と呼んでいました。彼は僕を〝遠ちゃん〟です。

仲良くなるのに大きなきっかけがあったわけではありません。心のどこかで僕も野球がうまい人としゃべりたかったんですよね。話してみたら優しいし、野球という共通の趣味もあって、なんとなく意気投合。しかも彼は当時から僕にはまったくない独特の感性を持っていました。

周りはタイガースファンばかりで、注目しているのはセ・リーグ。だからパ・リーグは一切見ていないんですが、なぜか田中さんはロッテの村田兆治選手のモノマネがめちゃくちゃ上手だったんです。「掛布とか岡田とかタイガースの有名選手じゃなくて、なんで村田兆治やねん。直ちゃん、おもろいなぁ」と、どんどん彼に惹かれていきました。

2人のキャラは全然似ていないんですよ。中1のときの委員決めで、僕はファン投票的な要素で選ばれる議長でしたが、田中さんは8番人気くらいの整備実行委員。学校をきれいにしましょうみたいな委員で、いつもホウキを持っていたイメージがあります。それでも要所要所で波長がビターンと合致するから、一緒にいてとにかく楽しかった。

今考えると、とんでもないことですが、僕が率先して行っていた女子のスカートめくりも、田中さんは見て楽しむ側。僕がこそっと女子の近くに寄っていったら、田中さんはいい位置にスタンバイする。そして僕が女子の後ろに立ってスカートをべろーんとめくって「やめてや、遠ちゃん!」と怒鳴られるのも込みで、しっかりと目に焼きつけていました。

田中さんとは中学2年生でクラスが離れますが、むしろさらに仲が深まった気がします。授業が終われば、すぐに僕は田中さんのクラスへ、その逆もしかりで、いつも一緒に遊んでいた。もう〝親友〟です。

その頃には、僕と田中さんに野球部のメンバー3人が加わった、仲良し5人組で常につるんでいました。後に僕が芸人を目指すにあたって、このメンバーの誰かとコンビを組みたいと思っていたくらい密な関係でした。

直ちゃんの謎のベールがはがされる

直ちゃんたちと楽しい中学生活を送る一方で、野球漬けの日々は相変わらず。ただ1年生時は学校の野球部には入っていません。というのも入学と同時に、『兵庫タイガース』という、いわゆるプロを輩出するような少年硬式野球のボーイズリーグチームに入ったからです。

月曜日から土曜日は親父と1対1で特訓、日曜日は電車を乗り継いで兵庫県まで越境して練習するのが日課になっていたので、わざわざ部活で野球をする必要がなかった。

それに中学校の野球部は準硬式といって、ボールが硬球ではないんです。ちょっと柔らかい。ボールが異なると弾み方は違うし、筋肉の使い方も多少変わるため、そのせいでケガをしたくないという意識も働いた。それに、プロを目指している僕からすると、「中学の野球部＝近所の人たちが集まってやる草野球と同じでしょ」という感覚。だったら、うまいやつばかりが集まる場所で勝負したかった。

それで中学校ではバスケ部に入りました。両親の背があまり高くないので、バスケで体を作ろうとしたんです。結局、バスケがまったく面白くなくてすぐにやめて、1年近く帰宅部を続けることになるんですが。

放課後、バスケ部で練習していると、野球部の練習風景も目に入ってきます。そこにはもちろん、元『豊島パワーズ』ショートの田中さんも。「どんなプレイをするんだろう」と興味津々で追っていたら……。

「えっ、めちゃくちゃ下手やん。肩弱っ、足も全然出てへんやん」

驚愕しました。最初は「冗談でやってんのかな」「きっとものすごく手を抜いて練習してんねんなぁ」と思っていたのが、まさか本気だったとは。「俺、余裕で『豊島パワーズ』行けてたやん！」と心の中で突っ込みました。

いや、実際にはそこまで下手ではないんですよ。その後、野球部でレギュラーをとりましたからね。ただ、あの〝最強軍団のショートを張ってた直ちゃん〟ですから、僕の想像と現実にギャップがありすぎて、若干ショックを受けたものです。

そのうち、田中さん以外にも野球部に仲の良い友達がたくさんでき、「遠ちゃんも野球部入ってーな」と誘われて2年生のときに僕も野球部に入ることになりました。

ある日、放課後に近所のグラウンドで軽く野球をしようと仲良しメンバーで集まったことがあります。しばらくしたら仕事を終えた親父が自転車でやって来て、僕だけ「またね」と別れました。親父との特訓は日課なので、僕ははなから親父のノックを受けるつもりで汚れてもいい格好で来ています。

そうしてノックを受けていると、何を思ったのか親父が不意に「田中くんも入りなさい」と声をかけたんです。

田中さんは「えっ」となりながらも僕たち親子の元へ。でも着ているのがダンガリーシャツにジーパンで汚れる前提の格好ではない。そんな状況で僕と並んでノックを受けるんですが、服を汚したくないから無理めな打球は見逃すんです。でも親父は親父で火がついてるから「田中くん、飛び込まんと！　一歩足りひんねん、飛び込めー！」とヒートアップ。

最終的に田中さんのダンガリーシャツはボロボロです。ジーパンも汚れまくってホコリまみれになりながら、「ありがとうございました」と親父にお礼を言って帰っていった姿は今でも鮮明に覚えています。翌日学校で「びっくりしたわ」と嘆いていました。

でも、ちゃんと付き合ってくれた田中さん。根っからの優しい男です。

ダウンタウン、とんねるず直撃世代です

バブルが始まりかけたくらいの中学時代。当時はブラウン管の中がとにかく輝いていました。僕が芸能界に飛び込むきっかけとなる〝テレビ〟に出会い、お笑いに目覚めるのもこの頃です。

小学生のときは、それほどお笑いに興味はなかった。『8時だヨ!全員集合』は見ていましたが、『THE MANZAI』や『吉本新喜劇』よりも、水谷豊さん主演のドラマ『熱中時代』、泉ピン子さんが出演されていた小学生には少し刺激的だった夜のワイドショー『テレビ三面記事 ウィークエンダー』が好きでした。

そして中学生になり、『オレたちひょうきん族』で（明石家）さんまさんや（ビート）たけしさん、『笑っていいとも!』でタモリさんを知り、お笑い好きへとシフトしていく中で僕の前に強烈な光を伴って現れたのが、ダウンタウンとんねるずです。

ダウンタウンさんは僕の8歳上で、とんねるずさんは9歳上。我々50歳前後の男性は、ちょっと上の世代のお兄ちゃんたちがスターになっていく姿をずっと見ていた世代。今お

笑いをやっている・やっていない関係なしに、ほぼ100%が、ダウンタウン・とんねるずがズドーンと心に刺さったんじゃないでしょうか。

平日の夕方はテレビで『夕やけニャンニャン』、火曜日の夜はラジオで『とんねるずのオールナイトニッポン』。オールナイトニッポンに至っては深夜1時～3時の放送で、中学生にしたらド深夜もド深夜、しかも野球の練習でヘトヘトにもかかわらず、ラジカセを耳元に置いてずっと聞いていました。翌日の水曜日には、もう完全に寝不足。のちに憲武さんに「あれ、半分は録音だよ」と聴かされて、生放送だと信じていた僕は「嘘でしょ!!」とショックを受けたものです。

僕はとにかく憲武さんが好きすぎて、テストの答案用紙の記名欄に「2年A組　遠藤章造」ではなく、「木梨憲武」と書いていたほど。まさか大人になってから、こんなにもお世話になるとは……夢のようです。

一方、ダウンタウンさんは『4時ですよ～だ』が始まる前で、まだ知る人ぞ知る存在。でもクラスで「お笑いは何が好きか」という話になったとき、「松ちゃん、浜ちゃん、めっちゃおもろいよな」と言うのがかっこいいというか、〃最先端の笑いを知ってます〃感があった。「俺、あの松ちゃんのボケ、めっちゃ好きやわ」「浜ちゃんのあのツッコミ、めっちゃええよな」と口にするだけで〃わかってるやつ〃〃イケてるやつ〃という扱いをされたものです。田中さんともお笑いの話ばかりしていました。

中学の卒業文集では、将来の夢の欄に「野球選手かお笑い芸人」と書いていたくらいですから、本当にとんねるずさんとダウンタウンさんには大きな影響を受けました。

そして実際にお笑い芸人を目指すと決めたとき、「とんねるず、ダウンタウンの脳みそに『遠藤章造は、こんな顔のこんなやつ』というのを刻みたい」が目標になった。それがかなったのですから、僕は最高に幸せ者だと思います。

第2章

野球に打ち込んだ青春時代

こういう人がプロに行くんやろうな

芸人になってからもそうですが、昔から僕は〝ツイてるな〟と感じる出来事が多かった気がします。特に野球では、良い縁とタイミングが重なりました。

中学入学と同時に、プロ野球選手への道を歩むべく、ボーイズリーグチーム『兵庫タイガース』に入団した僕は、すぐに頭角を現すことができました。3年生時には、3番・ショートで、キャプテンも務めました。

そんな中、「俺、持ってるな」と思わず感じた経験があります。

兵庫タイガースは、僕が1年生のときの2学年上、3年生の代はめちゃくちゃ強かったんですが、優勝できませんでした。1学年上の代も、1学年下の代も、同様に負けた。それなのに、僕の代だけ選手層が薄めだったにもかかわらず優勝できたんです。しかも、僕の誕生日に。

決勝戦の相手は、それまで練習試合を何度やっても勝ったことのないチーム。でもその日の朝、玄関でスパイクを履いているときに、なぜか「今日、勝つな」と良い予感が。ものすごく喜びながらお父さんと帰ってくるイメージがふわーっと頭に浮かんだ。すると案の上、接戦を制して奇跡的に優勝しました。

ボーイズリーグは全国各地に支部があり、地区大会で優勝すると全国大会に出場できます。

僕はそこで初めて、元木大介さんと会います。元木さんは大阪の代表チームのキャプテンで、すでに名を知られた存在でした。持っている空気感に中学生とは思えないようなふてぶてしさがあって、「こういう人がプロに行くんやろうな」と感じたものです。中学生くらいから、なんとなくプロ野球選手になるだろう人がわかりだしてくるんですよね。

その代表格が、今は亡き伊良部秀輝さん。僕の2歳上で、同じ兵庫県のボーイズリーグチーム『兵庫尼崎ボーイズ』の4番・エースでした。すでに身長は180センチを超えていて、彫りの深い顔立ちと相まって、ものすごくかっこよかった。しかも、当時から球速145キロくらいの球を投げていた。さらに〝悪童〟ぶりは、この頃から遺憾なく発揮されていました。

僕が1年生のときの試合でのこと。兵庫タイガースの3年生の3番バッター・Kさんがめちゃくちゃ打つ人だったんですが、マウンドに立つ伊良部さんが急にボールを掲げて「おい！　頭いくからな？」と言いだしたんです。

ベンチで見ていた僕が「何を言うてはるのかな？」と疑問に思っている最中、伊良部さんがボールを投げて、Kさんの頭にガーンと当たった。Kさんが倒れたのを見て、うちの監督やコーチが激怒。「お前こら、何しとんねん」と伊良部さんに詰め寄ったんです。

普通の中学生なら、大人に怒られたら逃げたり謝ったりするところを、伊良部さんは地面にバーンとグローブを叩きつけた。「なんやこら、かかってこい！」と啖呵を切り、マウンド上で大ゲンカになったんです。

傍観者だった僕は「ああ、こういう人がプロに行くんやろうな」とこのときも漠然と思いました。

伊良部さんとの思い出はそれで終わりではありません。僕は野球推薦で香川県の藤井学園寒川高等学校に越境入学するんですが、そこでまさかの再会を果たします。

僕が高校一年生で、同じく香川の尽誠学園に練習試合へ赴いたときのことです。尽誠学園側のベンチに伊良部さんが座っていて、「どこかで見たことあるなぁ……あ、あのときの人や！」と気づきました。

通常は試合前に両軍の監督、部長、マネージャー、選手が全員ベンチの前に出てきて整列し、お互いに「お願いします」と挨拶をするのですが、伊良部さんだけ一歩も動くことなくベンチの背もたれに両腕を伸ばし、でーんと座ったまま。しかも僕の高校は強豪チームではなかったので、伊良部さんレベルになると練習試合では登板しない。

だから試合中もずっとベンチで見ているだけなんですが、下校中の女子生徒の中に知り合いを見つけたんでしょうね。タイムのコールもせず、「おーい」と女子生徒に声をかけながらグラウンドを横切っていくんです。監督含め誰も注意できないので、その間、試合は中断。みんなが時間を持て余す中、伊良部さんは知り合いとしゃべって、またゆっくりとベンチに戻ってきます。

しばらくすると、今度はおもむろにヘルメットをかぶって変な素振りを始めるんです。それを見た監督が「タイム！　代打・伊良部」とコール。バッターボックスに立った伊良部さんはカーンとものすごく高いショートフライを打つんですが、走らない。とにかくマイペースでした。

そして、その試合のラスト1イニングで伊良部さんが軽く投げることになったとき、うちの監督が代打で僕を指名。ボーイズリーグでの出来事があったので、「ここで頭に当てられたらどうしよう」と不安になりましたが、あっという間に三球三振。残念ながら、かすりもしませんでした。

実は、芸能界に入ってからも一度だけ会ったことがあります。伊良部さんはドラフト1位でロッテに入団されて何年目かに活躍され、ちょうど僕も芸能界に入って仕事をさせていただくようになった時期で、インタビューをすることになったんです。

「伊良部さん、実は初めましてじゃないんですよ」

「なんでや、お前、初めてやろ」

「僕、寒川高校出身で」

「お前、寒川なんか！」

「はい。それから『兵庫タイガース』で」

「お前、兵タイか！」

「僕は一方的に伊良部さんを見てました」

「ほんまかー」

そんな会話を交わしたことをよく覚えています。その後、メジャーリーグを経て阪神に入団し、リーグ優勝に貢献してくださったときは本当にうれしかったですね。

今、ここでたこ焼き食う?

中学時代の話に戻ります。野球部でも、僕は3番・ショート。そして僕が入部するまでショートを守っていた田中さんはキャッチャーにコンバートされ、地区の中では一番の〝弱肩〟でした。

本人も自覚しているから、1塁ランナーが盗塁しようとして僕が「走ったー!」と伝えながら2塁ベースに入っても、周りに肩が弱いことをバレたくなくて、わざと投げないんです。何かにつまずいたフリをしたり、僕の呼びかけを聞いていないフリをしたりして「え、何なに? ああ、そういうことやったんや。わかってたら投げてたのになあ」と言い訳したり、小芝居を打ってきたりする。せこいでしょう?(笑)

ただ、そんな茶番が許されていたチームともいえます。だから、そこまで強くなかったんですが、なんと3年生のときに豊中市の大会で奇跡的に優勝。大阪の大きな大会への出場が決まりました。

結果は、1回戦敗退。敗因は田中さんの投げたボールでした。

1対1で迎えた最終イニング、2塁ランナーが3塁に盗塁。同じチームの誰もが当然、田中さんはボールを投げないと思っていたら、このときに限っていきなりサードに投げたんです……。

するとボールは右バッターのバットに当たり、そのままベンチにインしてしまった。そのうえ、盗塁が認められてからのプレーだったため、テイクワンベース（悪送球などがあった際にひとつ進塁できるルール）で、3塁ランナーがホームイン。まるでコントのようでしたが、それが決勝点になって負けました。

最後の最後に何してくれてんねん……ですよ！

でも、それで終わらないのが田中さん。

「直ちゃん、何しとんねん！」とは思いつつも、「途中から入部した身やけど、楽しかったなぁ……」といい思い出に浸っていた帰り道。日本生命球場で道具をしまい、トボトボと歩きながら、「A級戦犯とはいえ、本人が一番落ち込んでるやろうし、何か声をかけてやらんといかんな」と周りを見回したけれど、近くに田中さんの姿がない。僕らより、だいぶ後ろのほうを歩いているのが見えたので近づいてみたところ、目を疑いました。

田中さんはなんと、のんきにたこ焼きを食べていた……！　まったく落ち込んでいなかったんです。

いや、いいんですよ。試合が終わって午後1時半〜2時くらいにはなってましたから、小腹も減って当然。おなかがすいたなら、たこ焼きを食べても問題ない。

でも、あの負け方で、今ここで食う？　みたいな。肩は弱くても心は強かった。

直ちゃんとダブルデート

田中さんとは中学2年生のときにダブルデートをしたことがあります。

ある日の学校帰り、田中さんが神妙な顔で僕に話しかけてきました。

「遠ちゃん、ちょっと相談があるんやけど」

「何なに、どうしたん？」

「2組のOさんがめちゃくちゃ好きやねん。告白したいねんけど……」

Oさんはきれいで、その後、学区トップの高校に余裕で受かるくらい頭のいい女の子。学年のマドンナ的存在です。

田中さんは1組で、僕はOさんと同じクラスでした。

「そういうときこそ俺を使ってよ〜。任せて！」

ほとんどしゃべったことはなかったですが、僕は結構ずかずかいけるタイプなので、翌日すぐにOさんのもとへ。

「Oさん、今日の放課後、なんか予定ある？」

「なんもないよ」

「ちょっと時間もらえるかな？　5分でも10分でもええから」

「うん、わかった」

約束を取りつけ、田中さんにも「完璧にセッティングした」と伝えて放課後を待ちました。

そして、時間通りに田中さんと待ち合わせ場所へ向かい、Oさんの姿が見えたところで僕は離れた場所にて待機。しばらくして、田中さんが落ち込んだ様子で帰ってきました。

「どうした？」

「Oさん、好きな人おるって」

「そうなんや。でもそれはしゃーないな。で、好きな人って誰？」

「……遠ちゃん」

まさかの僕でした。

前にも書いたように、女子のスカートをめくるキャラで中学デビューしているので、Oさんは僕のことを1ミリも見ていない。むしろ水と油で気持ち悪がられているに違いないと決めつけていた。さらに彼女は高嶺の花すぎて、スカートをめくる勇気すらなかったんです。

だから、親友の好きな人の好きな人が僕という、まるでドラマみたいな展開に、「嘘やろ、マジかぁ……」と頭を抱えました。でも、友情は不滅です。

「直ちゃん、安心して。俺は友情を取るに決まっとるやんけ！」

田中さんにそう宣言した翌日、僕はOさんと付き合い始めました。

正直、ラッキーと思っちゃったんです。「頭が良くてかわいい子が俺のことを好きなんて、こんなチャンス二度とない」と。

きっと田中さん、僕の手のひら返しを根に持っているでしょうね。

さすがに田中さんに対しては申し訳ない気持ちがあったので、Oさんと同じバレー部で仲のいいメガネ女子と田中さんが付き合うように仕向けました。その女子が田中さんのことを好きだったんです。

それで、僕が「めちゃくちゃかわいい子やんか」と後押しするうちに、田中さんもその気になった。そして、クリスマスにダブルデートをすることに。4人で学校の前で待ち合わせしてから、梅田の映画館で『サンタクロース』という映画の吹き替え版を鑑賞しました。

女子2人は僕たちのためにそれぞれ手編みのマフラーを編んでくれていたんですが、このときの田中さんのマフラーの長さは今でも忘れられません。

僕とOさんの数メートル前を田中さんと彼女が歩いていたんですが、マフラーの両端が田中さんのくるぶしくらいまであるんです。おそらく、2人並んで巻く用だったんでしょうね。田中さんはそんな女心に気づくタイプではないので、ひとりで巻き続けた。僕はそれが気になって、デートどころではありませんでした。

でも、僕はだいぶ後になって気づくんです。サッカー元日本代表の中田英寿さんが海外からの帰国時にものすごく長いマフラーを巻いているのを見て、「あ、あれはこういうことか。田中さんは相当に先取ってたんやなぁ」と。

Oさんとは手もつながなかったほどプラトニックなお付き合いでした。デートもダブルデートの1回だけでしたし、教室で2人きりでしゃべることもなかった。

でも野球部の試合を観に来てくれたりはしましたね。「ホームラン打つわ」とかっこつけて予告したものの、アーチを描くのではなく、思いっきり走ってランニングホームランにしたこともありました。

本来ならサードでストップしなきゃいけないところをはいつくばってホームに入り、ユニホームもドロドロ。記録的にはワンヒットワンエラーかもしれないですが、なんとかランニングホームランっぽく見せました。Oさんに「ひとりで点取ったで、はぁはぁ（息切れ)」とドヤ顔で報告したものです。

そして忘れもしない、中学3年生の10月、運動会の日。Oさんとの別れが突然訪れます。お調子者で運動神経も良かった僕は、運動会で何をやってやろうかと朝から気合十分で、肩をぐるぐると回していた。そして、エントリーしていた障害物競走で、よーいどんで別方向に走るなど、先生に怒られながらもめちゃくちゃベタにふざけまくったんです。

結構ウケていて手応えばっちりで帰宅した夜、自宅にOさんから電話がかかってきました。きっと「今日はおもろかったわ、やっぱ好きやわー」などと褒められるんだろうと意気揚々と電話に出たら、「四中の前で待ってるわ」とひとこと。

ファーストキスもまだでしたから、「もしかして、今日はキスまであんの?」なんて期待を膨らませながら自転車をぶっ飛ばして学校へ行ったら……。

「お別れしましょう」

運動会後の高揚した気分は一気に急降下です。「受験も迫ってるし、勉強しないといけないから」という理由でしたが、実際のところは知る由もありません。

「わかった」とクールに了承してOさんの後ろ姿を見送ったものの、自分はすぐ帰る気分にはなれず。突然の別れがあまりに寂しくて、学校の周りを自転車でずーっと何十週も走ってしまいました。

これが僕の、中学時代のハートブレイク・ストーリーです。

野球留学1期生として香川の高校へ

小学生まではそこそこ勉強ができた僕ですが、中学では野球とお笑いに熱中して、勉強は捨てていました。

中3で進路を決める際、学区で8番目くらいの高校を受けたいと先生に伝えたところ、「お前、アホか。この3年間の成績で、行けるわけないやないか」とばっさり却下。「あ、8番目のところも無理なんや」と愕然としました。

ただ、「捨てる神あれば拾う神あり」とはよく言ったもので、ありがたいことに7つの私立高校から野球でスカウトされたんです。

そして、それぞれの特待生制度の内容を照らし合わせ、親の金銭的な負担も加味して選んだのが、香川の寒川高校。野球留学1期生として入学しました。

高校時代に1試合だけでもいいから甲子園で野球をしたい一心で決めたわけですが、3年間で5回チャンスがある中、7校のうち寒川高校だけが甲子園に行けなかった。基本的にツイてる僕が、このときばかりはツイてなかったですね。でも、だからこそ今の道を歩んでいると思えば、結果オーライだったかもしれない。

野球留学1期生は僕のほかに2、3人いました。なにせ学校としても初めてのことで環境整備も探り探りだったんでしょう。立派な寮が用意されていたわけではなく、グラウンドのそばにポツンと建てられたプレハブ小屋が生活の拠点でした。野球留学生以外に、レギュラーメンバーもそこで一緒に暮らしていました。

1階が部室で、2階にちょっとしたキッチンと、簡易的な2段ベッドが並んでいるのみ。クーラーもなければ、暖房もない。「えっ、ここで寝起きするの?」と初日からびっくりしました。

当然、住み込みの寮母さんはいません。だから食事は、近所に住むおばちゃんが夕方前に来て、作り置きされていた。

でも練習が終わるのは20時30分なので、パスタなんて食べる頃にはカッチカチ。電子レンジはないですから、冷たいまま口にしなければならず、なかなか食が進まない。にもかかわらず部活は猛練習だったせいで、何キロ痩せたことか。高校に入学して3カ月後に、親父とおかん、そして今は亡き祖父母の4人が僕に会いに来たんですが、痩せすぎていて僕を見つけられなかったほど。

あまりにふびんだったんでしょうね。

「あかんあかん、これじゃ『ビルマの竪琴』やで」

「章造はなんも悪いことしてへんのに、なんでこんなことになってんねん。ガリガリやないか」

「高校なんて辞めさせてもええから、今すぐ大阪戻せ！」

祖父母が口々に親父とおふくろにたたみかけたようです。

妄想が〝びんびん〟に暴走

寒川高校は共学ですが、僕が在籍していた体育コースは男しかいなかった。廊下を挟んで反対のエリアには看護科があり、女子生徒はたくさんいたものの、接点なし。そういった意味で、多感な時期には非常に生殺しな3年間。特に当時の野球部は、何事も精神論で片づける体質でした。

「女子としゃべらなかったらヒットが打てるんだぞ」

「試合中に水を飲まなかったら勝てるんだぞ」

つまり「それらを我慢すれば甲子園に行ける」という教えで、僕らも何の疑いもなく「はい！」と従っていた。

でもねぇ……高校最後の夏の大会で、女子マネージャーが選手に水を渡している高校に負けたんですよ。伊良部さんが卒業した、尽誠学園でした。

女子マネージャーと談笑している姿を見た瞬間、「だまされた！」と思いました。

女子としゃべらないのも、水を飲まないのも、勝敗にはまったく関係ないやないかい！

しかも尽誠学園はその後、甲子園でベスト4まで残りましたし、エースの3年生はプロに行きました。

実は僕、尽誠学園からもスカウトされていたんです。行っていたら……人生もまた変わっていたでしょうね。

「女子としゃべるな」「水を飲むな」のほかにも謎のルールがありました。

寮生は6時起床で、6時30分まで散歩と掃除。6時30分から野球部の練習、そして8時30分に学校が始まるんですが、なぜか僕たちには登校してくる生徒たちに対して、校歌を歌ってお出迎えするというミッションがあった。

ね、謎でしょ!? しかも野球部は全員、5厘刈りの坊主頭。ただただ異質な空気を漂わせていたと思います。いったい僕たちは何のために歌っていたのか、いまだによくわかっていません。

午後は、5時限目の授業が14時30分に終わり、普通科の6時限目が始まる時間から野球部の練習がスタート。20時30分までみっちり練習した後、1年生はボールをはじめ、先輩のスパイクやグローブを磨く作業が待っています。それからようやく夕食を食べ、お風呂に入り、21時45分に点呼、22時消灯。

ハードスケジュールの中、点呼から消灯までの15分間だけが唯一の楽しみでした。ちっちゃいテレビが置いてあって、流れている番組をひたすら見る。

当時、田原俊彦さん主演のドラマ『教師びんびん物語』が放映されていたんですが、多感な時期に〝びんびん〟なんてタイトルは刺激的すぎませんか? しかもテレビを見られるのは45分からだから、ドラマの内容は最後の2〜3分程度しか把握できない。となると、ほぼ妄想するしかないわけです。

「教師をしているトシちゃんが、同僚の女の先生にびんびんするの?」

僕が想像の世界で勝手に作り上げたストーリーがありました。

のちに大人になってDVDを借りたら……。

「全然違うやん!」

社会と分断されているので、はやりに疎いのは寮生あるあるなんです。

多感な時期に欲を全部押さえつけられると、妄想力がとにかく鍛えられます。

なにせ「異性に興味は持つな」理論でしたから、寮にはグラビアが載っているような雑誌をはじめ、マンガの持ち込みも禁止されていました。でもなぜか、CDはOKだったんです。

そんな我々の眼前に現れたのが、浅香唯さんが小麦色の肌を見せているCDジャケット。曲名は『C－GIRL』で、「なんてタイトルなんだ!」と胸を高鳴らせました。教師びんびん物語の件もあり、タイトルのCはいわゆる男女交際の「A・B・C」のCだと思い込んだわけです。

「いきなりC？　絶頂のアイドルがそんな歌を歌うような世の中になってるのか！」

ここでも妄想がびんびんに膨らみ、めちゃくちゃ聴きましたねぇ。


さらに、抑圧された寮生活では予想外の行動を取ることも。

健全な男子高校生ですから、何はともあれ性欲は満たしたい。でも自分で満たすにはネタがないと始まりません。そこで、『教師びんびん』しかり、『C－GIRL』しかり、妄想シリーズに入っていくのですが、ある雑誌が活躍します。

その雑誌とは……野球グッズのカタログ。グローブやバット、ボール、ウエア類が掲載されている冊子です。

そこに、大阪近鉄バファローズ（当時）という球団で大活躍していた選手がスライディングパンツをはいてボールを捕っている姿が載っていた。

かなりの変化球ではありますが、股を広げての捕球姿勢を頭の中で女性に変換し、最後まで至るわけです。アホすぎる……！

この経験が、僕がいまだに周りから「お前は性に対して貪欲だし、他人とはちょっと違う」と言われるゆえんのスタートだったと思います。

ちなみに、テレビは15分しか見られませんでしたが、ラジオは枕元に置けました。だから火曜日の深夜1時～3時、『とんねるずのオールナイトニッポン』を聴くときだけは中学時代と相変わらない時間を送ることができた。そして、浦島太郎状態の高校3年間ながら、ある日『とんねるずのみなさんのおかげです。』に出会い、ますます、とんねるずさんにハマッていきます。

というのも、3年生のときに修学旅行へ奇跡的に行けたんです。なぜ奇跡なのかというと、野球部の謎ルールの中に「修学旅行に行ったら甲子園に行けない」もあったから。ゆえに野球部の先輩たちは残念ながら修学旅行に行けなかったんです。

そんな中、奇跡的に行けた修学旅行先が東京で、旅館のテレビをつけたら『とんねるずのみなさんのおかげです。』をやっていた。番組の存在はラジオで知っていましたが、実際に見るのは初めてで「うわ、こんな感じなんや！」と興奮したものです。テレビの中のとんねるずさんはとにかく輝いていました。

そして高校3年生の10月に、『ダウンタウンのガキの使いやあらへんで！』が始まります。

当然、寮では見ることができませんが、自宅通学の友達がダウンタウンさんの大ファンで、番組を毎週録画していた。それで僕は時々寮を抜け出して彼の家に遊びに行き、時間が許す限り楽しみました。

そこまでして見ていた番組に今お世話になっていると考えると、なんだか感慨深いというか、運と縁に恵まれて感謝の気持ちでいっぱいになります。番組がスタートして30数年、ココリコが出演するようになって約25年。いまだに緊張感をもって出演させていただいています。

そして、その当時の友達も、今も変わらず『ダウンタウンのガキの使いやあらへんで!』を見ているそう。高校時代に自分の家に転がり込んできていた遠藤が出演しているのがいまだに不思議なんだとか。

アホすぎて危機一髪!

高校3年間のうち、大阪の実家に帰れたのは、毎年正月の三が日だけ。携帯電話もない時代で、田中さんをはじめとする中学時代の仲良しメンバーと会うのも年に1、2回でした。

帰るときは、高松港と神戸港を結ぶフェリーを使います。高校2年生のときに瀬戸大橋が開通したので香川〜大阪間は陸地でつながっていましたが、交通費を節約するためです。フェリーなら片道2000円と格安。その代わり、4時間半かかります。

乗船前に公衆電話で田中さんの家に電話して、「帰るから一緒に初詣行く?」と誘って、みんなでご飯を食べてわちゃわちゃ過ごすのが定番でした。


そんなわけで、高校時代は同じ野球部の友達と遊ぶことが多かった。

友達関係でいえば、入学してすぐ、もろに天然を発揮してしまったことがあります。

そもそも僕は大阪から越境入学しているので、寒川高校の地元での評判などはまったく知らなかったんです。当時、寒川高校は近隣中学の番長たちが集まる学校としても有名でした。

当然、番長同士の関係性もよくわかっていないので、「○○中の△△が来たから、●●中の■■と、どこどこでやるんちゃう?」なんて会話が聞こえてきても「なんの話をしてるんやろ?」と我関せずでした。

そんなある日、食堂でうどんを食べていたら、地元中学の番長格10人ほどと、彼らの子分たちがドーンと集団でやって来たんです。制服を見て、全員同じ1年生だとわかりました。

その中心にいた男子生徒に、周りの生徒が「久本さん」と話しかけていました。彼は、番長たちをも束ねる大番長でした。でも僕は、まさか同じ1年生にさん付けをしているとは思っておらず、さらにうどんをすする自分の音も相まって、「ひさもさ」と聞き間違えたんです。

これが僕のイタいところなんですが、「ひさもさって、どんな漢字なんやろう」と興味が出てきて、「自分、ひさもさっていうん？　もさってどんな漢字書くん？」と気さくに声をかけてしまった。

その瞬間、周囲の空気がピリッと張り詰めたのを感じました。それもそうでしょう。同級生が敬語を使うような大番長に対して、豊中の野球少年がタメ口をきいている。周りからしたら、「久本さんに何を言うてんねん」です。

だけど久本は気分を害することなく、「え、お前、俺のこと知らんの？」と聞いてきました。

「知らんわ〜」

「もしかしてお前あれか、大阪から来たやつか」

「そうそう」

「名前なんちゅうの？」

「遠藤遠藤」

「そうなんや。いや、俺はひさもさじゃないねん。同級生なのにこいつらが敬語でしゃべりよんねん。俺、久本っていうねん」

「久本かー！」

一歩間違えればボコボコにされてもおかしくなかったのに、なぜか彼にうまくハマッた。そこから仲良くなって、休み時間に遊んだりするようになりました。

おかげでヤンキーだらけの高校で誰かに目をつけられることなく、幸運にもいい位置をキープできた。ここでも自分のアホさが縁を引き寄せてくれました。

せこいプレイに磨きをかけて

寒川高校の野球部は、1年生から3年生まで合わせて60~70人の大所帯。1年生でベンチ入りできたのは、僕ともうひとりだけでした。2年生時は、2番・ショートでレギュラー入りし、3年生で3番・セカンド、ここでもキャプテンを務めました。

選手としては、わりとずる賢いプレイをする、いやらしい選手でした。体が小さかったので、パワーでは勝てない。弱者が強者に勝つには、正攻法ではなく奇策を講じる必要があったんです。

インコースの球は三塁側に引っ張ったほうがヒットになりやすいんですが、あえて一塁側に打ってみたり、守備では隠し球をしたり。

ボールを落としていないのに落とした芝居をしてランナーをタッチアウトにするトリックプレイもよくしました。ピッチャーにわざと高い位置に牽制球を投げてもらって、実際にはキャッチしているのに「もう、どこ投げてんの」と苦情を入れつつボールを拾いに行くふりをする。ランナーは僕の罠にまんまと引っかかるわけです。

また、ボークというピッチャーの反則行為をでっち上げてホームインしたこともあります。ボークになるとランナーは無条件に塁に進めるんです。そのルールを利用して、サードランナーのときに本当はボークじゃないのにピッチャーが投げた瞬間、「ボークボークボーク！　やった！　1点入る〜！」とベンチにアピール。歓喜しながらホームに向かって走ります。

それで1点入れば御の字。もちろん、ボーク判定されずに失敗に終わることも……そんなときは「何してんねん、こいつ！」ですよね。

それでも臆せず僕はせこいプレイばかりしていましたし、野球部全体でもわざわざそれ専用の練習時間をとっていました。

この話をテレビで披露したところ、当時の監督で、今また寒川高校の野球部に戻られた監督から「あんま言いすぎんなよ」と注意を受けたので、このくらいにしておきます（笑）。

キャプテンとしては、前にも書いたように僕は基本的に「俺についてこい！」というタイプではない。この年になっても言えることなんですが、僕の周りには生まれもっての4番バッターや生粋のエースみたいな人間が常にいるんです。

この人が機嫌良く打ってくれたら、投げてくれたら、チームは勝つ。そういうことが少年野球やボーイズリーグチームのキャプテンを経験してすでにわかっていた。だから高校でも、彼らと、まだ技術が伴っていないメンバーをどうつなげていこうかを常に考えていた。

「全国大会に連れて行ってやるから、俺についてこい!」ではなく、「この感じでみんなでがんばれば、意外と全国大会に行けるよ」

うちのチームはエースと4番が1個下の2年生だったんですが、僕は「気持ちよくやれやれ」「お前らの好きにやってええよ」というスタンスで接していた。そこに、先輩としてのプライドみたいなものは一切なし。

だから僕が1~2年生の頃はいわゆる縦社会の理不尽なことも多少ありましたが、3年生になったときにやめるようにしましたね。

学年関係なく、リスペクトするところはリスペクトする。いかにみんなが気持ちよく野球をやれるか、モチベーションを上げて一緒に強くなれるかに重きを置いていました。その姿勢は、現在の仕事をする上での土台にもなっているものです。

とはいえ今思えば、だからプロ野球選手にはなれなかった。

伊良部さんじゃないですが、プロに行く人は「俺が俺が」なんです。特に若い頃には必須な素質。スターになるには我を出すことが非常に大事だなと野球を通じて学びましたし、芸能界に入っても実感しました。そこが、僕には当時から足りなかったのかもしれないですね。

プロになるのを諦めた日

親父がプロになるためのレールを敷いてくれたから、中学までは自然と自分もプロになるものだと信じていました。しかし伊良部さんや元木さんと出会い、また自分はいくら食べても体が大きくならないこともあり、何か相当秀でるものがないとプロは難しいと、高校時代には思うようになっていました。

そして迎えた、高校3年生最後の夏の大会。女子マネージャーが水を渡していた尽誠学園との試合です。7対0で回ってきた最終打席で僕は決めました。

「さすがに逆転できへんな。たぶん、これが高校3年間で最後のバッターボックスやな。今日までずっと野球を続けてきたけど、これからどうしよう……。よし、この打席でヒットを打てたら、野球を続けよう。打てなかったら、きっぱりやめよう」

バットを握りしめ、のちにプロへ行く尽誠学園のエースの球を待つ。

カーーーーーン。

バットの芯で捉えたボールはいい音を響かせて、右中間に飛んでいきました。

僕はヒットを確信。しかし、「よし、野球続けよ」と1塁に向かう途中で、センターにファインプレイでキャッチされてアウトになった。そのセンターが、のちにオリックスや巨人で活躍した谷佳知くんです。

彼のプレイを前に、「野球の道を進むのやーめた」とすんなり諦めがついた。

あれほど息子をタイガースの選手にしたがっていた親父からも、高校野球が終わった後は「お疲れさん」とねぎらわれただけでした。

5〜6年前に当時の心境を初めて知ったのですが、どうやら高校入学後にガリガリに痩せた僕を見て、本当に申し訳ないことをしたと思ったみたいです。

「自分のエゴで息子をプロ野球選手にさせようとしたけど、ふたを開けてみたら誰かわからないくらい痩せてしまっていた。だから、章造が野球をやりたかったらやってもええけど、やめたかったらやめたらええ」。そういうスタンスで応援してくれていたようです。だから、中学3年生の僕の誕生日にボーイズリーグの地区大会で優勝したことが、親父の中で僕との野球の思い出のピークらしい。「章造にあの経験をさしてあげられて良かったわ。それがなかったら、ほんまに後悔してた」と言っていました。

大恋愛、始まる

野球をやめると決めたはいいものの、高校卒業後の進路をどうしようかと悩むことになります。

学校の先生はまだ僕に野球を続けてほしかったようで、大学野球や社会人野球のセレクションの話を持ってきてくれるんですが、すべて断った。そのせいで、僕は3年生全員の中で最後まで就職先が決まりませんでした。

ただ、野球を引退した翌日から、人権は手に入れました。先生たちが人として付き合ってくれるので、すんなり話が通じる。おかげで「就職のこともあるんで、車の免許を取りに行っていいですか?」と相談したときも、「ええよ」とふたつ返事で了承してもらえました。

それから就職活動と並行して、学校近くの自動車学校に通うように。そこで大恋愛も始まります。

相手は、近隣高校のマドンナであるAさん、同じ高校3年生でした。彼女も免許を取りに来ていて意気投合し、がっつり付き合いました。初めての女性も彼女。抑圧生活から一気に解き放たれていた僕は、パチンコだったらジャンジャンバリバリの大フィーバー状態でした。

そして、また後で出てきますが、彼女の存在が高校卒業後の僕の進路を左右することとなります。

さて、恋愛は絶好調の一方で、就職活動は難航。ずっと野球漬けの日々でしたから、やりたい仕事がすぐに見つかるわけではありません。そんな僕に次の道を指し示してくれたのが、元木大介さんです。

彼は上宮高校に進学し、大阪代表として甲子園に出場。その甲子園でホームランを6本打つわ、春のセンバツで準優勝するわと大活躍で、アイドル的な人気を博していました。

僕も同じ地元出身として、ずっと意識していた。その元木が、ドラフトでダイエーから1位指名されたけど断るんです。なぜなら彼は巨人に入りたかったから。

そのニュースを見て、アホな僕は「だったら俺がダイエーに行こう」と就職試験を受けに行き……落とされた。どこにでも店舗があるので受かる気満々だったぶん、「マジかよ！」でした。

そうして刻一刻と卒業が近づく中、いよいよヤバくなったところで、阪急グループで外食業を展開している『阪急産業株式会社』に就職が決まりました。

高校卒業後、僕は大阪へ戻り、再び実家で暮らしながら、『ナビオ阪急』（現・HEP NAVIO）の6階にあるイタリア料理店『ロロ』でウエイターとして働きだします。

『ロロ』での仕事は店長ともすごく気が合い、めちゃくちゃ楽しかった。でも3カ月間の研修が終わり、次の研修先に移ったらダメだった。僕にしては珍しく、職場の人と馬が合わなかったんです。初日から何も楽しくなく、加えて香川で就職した遠距離恋愛中のAさんにも会いたい気持ちがふつふつと湧いてきた。

そこでの研修期間も3カ月ありましたが、家族には仕事に行っているフリをして、Aさんに会いに毎日、香川へ足を運びました。

本来なら梅田駅行きの電車に乗らなければいけないのに、神戸まで行ってフェリーに乗り、高松に着くのが14時。Aさんの仕事が終わるのが17時なので、それまでの3時間をひとりで適当につぶします。そうして17時過ぎに港までやって来たAさんと数十分しゃべって、帰りのフェリーに乗船。22時30分には帰宅する生活を続けていたんですが……。

親にバレないわけがないですよね。無断欠勤しているんだから、当然実家に連絡がいく。ある日、いつものように「行ってくるわー」と家を出ようとしたところで、「ちょっと話があんねんけど」とおかんに呼び止められた。

「あんた、会社に行ってへんやろ」

「……（えっ、なんでバレたん？）」

「何してたん」

「……実はずっと香川に行ってた」

「お金はどないしたん」

「友達に借りた」

その瞬間、ババギレされた。当然ですよね。

でもその頃には僕の心は決まっていた。後日、両親を前にして「もう1回、香川県に戻りたい。香川でAさんと一緒に住みながら働きたいんだけど、いいだろうか」と伝えました。

反対はされませんでした。高校入学後に『ビルマの竪琴』の日本兵くらい痩せこけた僕を見て以来、親父もおかんも多少なりとも僕に引け目を感じていたんでしょうね。「好きにせい」と。

こうして僕は大阪に戻って半年後に、再び香川で暮らすことになりました。

入社半年で営業成績1位に!

第2の故郷である香川に舞い戻った僕が就職したのは、OA機器の販売やメンテナンスなどを行う会社でした。初任給は10万5000円で、近くに家賃5万円のアパートを借りて、Aさんと半同棲の幸せな日々を送ります。

お金はあまりなかったですが、面倒見のいい地元の友達が車を譲ってくれたり、飯を食わせてくれたりと生活には困らなかった。また友達だけでなく、町の人たちも本当に人がいいんです。会社から自宅に帰る道中に、夫婦2人で経営している小さな定食屋があり、そこで夕飯を食べるのが僕の日課。800円の定食を注文するんですが、いつも1200円分くらいのボリュームのおかずをつけてくれた。

毎日がすごく楽しかったし、充実していました。

仕事にやりがいを感じていたわけではありません。でも、前職を半年で辞めた僕を中途採用で拾ってくれた恩義に報いたかった。

だから売り上げで貢献しようと、ある秘策を思いつき実践したところ、入社半年でなんとベテラン社員を抑えて営業成績1位に躍り出ました。

その秘策とは……ＯＬさんと懇意になる作戦。

基本的に飛び込み営業なので、ビルの最上階から順に1社1社回っていきます。契約の最終決定権はその会社の上層部ですが、ＯＡ機器なんてそうそう壊れるものじゃないから、正攻法で攻めても「まだ使えるしなぁ」とあしらわれて終わり。

だったら実際に機器を使っている現場の人たち、営業に行ったときの最初の窓口になる社員さんを味方につけたらいいんじゃないかと、ない知恵を絞った。

まずは飛び込み先の窓口のＯＬさんを食事に誘うんです。僕はまだ19歳でしたから、少し年上のお姉さんが多かった。

「仕事が終わったらメシ行きません？　めちゃくちゃおいしいところがあるんです」

男と女みたいな色っぽい雰囲気ではなく、僕の武器である犬のようにしっぽを振っておなかを見せて甘える感じです。

すると、わりとみんな「え、いーよ」と乗ってくれる。

もちろん、僕が自腹でごちそうします。そこから仲良くなり、やりとりをする中で、お願いするんです。

「コピー機、売らなあかんねん。来週の水曜、朝10時に会社に行くから、少し調子が悪いところを強調してもらってもいいっすか？」

「えーよえーよ」

このテクニックが、芋づる式にうまくハマッた。

仲良くなったOLさんと約束した日時にしれっと会社に行くと、すでに彼女たちが上司に話を振ってくれている。僕を見た上司は、ナイスタイミングとばかりに僕に話しかけるんです。

「ええとこに来てくれた」

「どうしたんですか？」

「なんかコピー機のインクが漏れてて困ってるらしいわ」

「そうなんですか。じゃあ、ちょっと待ってもらえますか？」

当然、会社の修理を担当している人たちにも根回し済みです。

「故障してるみたいですね。同じようなサイズのコピー機でしたら、うちでもレンタルできますが」

「だったらお願いするわ」

これで1件、契約成立です。さらにとんとん拍子で成約を重ねていった結果……。個々の営業成績を示す棒グラフが職場の壁に貼り出されているんですが、一番ぺーぺーである遠藤の部分が突出して高く伸びていた。

しかも、僕のいやらしいところは、契約したその日にすべてを報告しない。いくつかは「決定デー」というみんなの前で発表するタイミングまで黙っておくんです。そのほうが営業のポイントが多くつき、かつ目立つから。おかげで上司からもかわいがってもらった。

大きな学びもありました。

現場で「お願いします！」と頭を下げるのは恥ずかしいことではない。仕事で成功するには、良くも悪くもプライドを捨てる。素直にぶつかって、良ければOK、ダメなら諦める。その潔さが大切だというのは、畑違いの仕事をしている今にも生きている気がします。

現場を大事にするという意味では、演者だけでなく、技術さんやメイクさんといったスタッフさんとも仲良くしていますし。もちろん、あの頃より大人になっていく過程で「この仕事ではここを押さえておいたら旨みがあるやろう」という計算もゼロではなかったでしょう。でも50歳を超えてくると、「計算したとて」みたいなところもあるから。その人にはその人の、こっちにはこっちの流れがあるとわかったうえで、好きな人には「好きです！」と素直にぶつかっていけるのは僕が手に入れた持ち味かもしれません。

卒業文集に書いた将来の夢

とにかく営業として絶好調だった僕は、「俺、これでメシ食っていけるなぁ」と思いながらも、だんだん気づくわけです。契約を取るためのいいシステムを見つけたはいいものの、この好調が長く続くはずはない。しかも仲良くなるための食事は自腹だから、金銭的にもしんどいな、と。

会社の人たちはめちゃくちゃいい人ばっかりで、いまだに付き合いがあるほど居心地はよかったけれど、自分が置かれた状況に限界を感じ始めていました。

そんなある日、深夜番組を観ていたら、ナインティナインさん、よゐこさんといった当時の若手の芸人たちが出てきたんです。ちょうど、よゐこさんが頭にたくあんを乗せたコントをやっていて、「シュールなネタやなぁ……え、20歳？　同い年なんや！」と驚いた。ナイナイさんも矢部さんが同い年で、岡村さんは1個上。テレビの中で輝く同世代を前にして、ふと思い出しました。

「あれ、俺ってとんねるずやダウンタウンに憧れて、お笑いが好きだったよなぁ。野球選手になりたかったけど野球選手にはなれなくて、でもお笑いをやりたいとも思ってたなぁ」

そうして中学の卒業文集を読み返したら、将来の夢に「プロ野球選手か芸能人」と書いてあった。

アホな僕はそれを見て、「上（プロ野球選手）はないから、もう下（芸能人）やろ！」と思い立ったが吉日で、すぐに会社に言いに行きました。

「すいません、辞めます！」

いきなり退職を願い出た僕に、社長もびっくりです。

「は？　お前、会社辞めてどうすんねん」

「東京に行こうと思ってます」

「東京で何すんねん」

「お笑いやろうと思ってます」

「はぁ？　何考えてんねん」

社長はあきれていましたが、一方で僕という人間をよくわかってくださっていた。香川の高校に単身でやって来て、野球部でがんばって、卒業後は大阪に戻ったのに、彼女がいるからという理由でまたすぐに香川へ戻る。そういう訳のわからん行動をする、まともじゃないやつという認識があったんでしょう。

でも、仕事は一生懸命がんばっているし、悪いやつじゃないというのも理解してくれているから、退職自体は比較的すんなりと受け入れてくださった。


ただ僕は無学すぎて、引き継ぎというものがよくわかっていなかったんです。見かねた2～3歳上の先輩の「ええわ、こっちでやっとくわ」という言葉に全力で甘えてお任せしちゃった。本来なら退職の意思表示をしてから1カ月くらいは引き継ぎをしたり、取引先に挨拶をして後任を紹介したりする必要があったにもかかわらず。おそらく先輩の「やっとくわ」は「お前ができないことは俺が手伝うから一緒にやろうや」だったはずなんです。それなのに僕は「やってくれはるんやったら」と、そのまま大阪に帰ってしまった。

まともな大人だったら、「何考えてんねん！」でしょ。ほんと、僕は周りに生かされている。とんねるずさんの番組名を借りるなら、今の僕があるのは、まさに「みなさんのおかげです」です！


会社を辞めて芸人を目指すことは、当然Aさんにも相談しました。

「ええよ、行っておいでーや」

彼女も快く背中を後押ししてくれました。ただし、条件付きで。

「私の人生設計も言うわ。私、23歳で結婚したいねん。で、子どもを産みたいねん。それは心に留めておいてな」

「わかった」

だからそれだけを考えて、僕は東京へと向かいました。

20歳、2月のことでした。

第3章

ありのままの
アホのままで

直ちゃんを誘って東京へ

いざ芸人になるために東京へ行くと決めたものの、何も当てはない。会社を辞めた僕は、まず大阪の実家に戻ることにしました。

そもそも、大阪出身で、しかも最終的に吉本興業に所属するのに、なぜ大阪ではなく東京で芸人を目指すことにしたのか。

実は大阪のノリ――前に出てワーワーと大声で場を盛り上げる、いわゆる〝ガヤ〟が昔から苦手だったんです。

これは大阪のノリ自体を否定しているわけではなくて、むしろ大阪の芸人さんは楽しい人たちばかりだし、僕にできないことができてすごいと尊敬している。でも僕には生まれ持ってガヤの能力がなくて、明らかに向いていない。学生時代もそういう役割にならないよう、うまいことポジションを見つけてやってきました。

そんな僕が大阪でお笑いをやったところで埋もれてしまう。そう考えたんです。

心の片隅に「23歳でAさんと結婚せなあかん」という思いもありましたから。今20歳で23歳までに芸人としてある程度先が見える状態になっていないと……と、ない頭をフル回転。そして、「とりあえず東京に行けばなんとかなる」という結論に至ったわけです。そういえば、NSC（吉本総合芸能学院）に入ることさえ頭によぎらなかったなぁ。

とはいえ、ひとりで東京へ行くつもりはなかった。誰か相方を探さなければいけない。できれば中学時代の仲良しメンバーの誰かがええなぁと思っていました。

中でも田中さんは、僕が高松でサラリーマンをしていたときにもちょくちょく遊びに来てくれたり、僕がAさんを連れて大阪に行ったときには一緒に遊んだりと、ずっと仲良くしていました。

2月に大阪へ戻って、まず電話をしたのも田中さん。彼は高校卒業後、『大阪デザイナー専門学校』に進学していました。

「直ちゃん、今何してんの？」

「学校の卒業制作やってる最中やねん。銭湯の絵を描かなあかんねん」

「そうなんや。俺、時間あるから手伝ったるわ」

それから田中さんの家に1週間ほど泊まり込んだ。昔話に花を咲かせつつ、「ちょっとここに線描いてー」と指示されたら線を描き、「ここ黒く塗っといてー」と指示されたらバーッと塗り。そしてようやく提出締め切り当日に完成！

「できたなー、今から提出しに行くわ。遠ちゃん、ありがとう！」

田中さんが後日よく話のネタに「卒業制作は、ほぼほぼ遠ちゃんにやってもらったから、あれは遠ちゃんの作品や」と言うくらい僕の手が入った作品を持って、学校に向かった。

その後ろ姿を見送って、ふと思ったんです。


「直ちゃんと東京に行こう」


僕は学校から帰ってきた田中さんを誘って、近所の天竺川へ。ほとりに並んで座り、「実は、ちょっと話あんねんけど」と切り出した。

「え、何？」

「俺、お笑いやろうと思ってんねん」

「ええやんええやん！」

「一緒にやらへん？」

「えっ!?」

「東京行かへん？」

「ええ!!　ちょっと待って、マジで？」

「マジマジ」

「……ちょっと考えさせて」

「わかった。じゃあ俺は先行っとくわ」

1週間泊まり込みで手伝ったんやから言うこと聞いてくれるやろう……という安易な発想込みで、「直ちゃんはたぶん来てくれるやろう」という直感が働き、断られる気ゼロでいました。なんて楽観的なんでしょう。

まともに引き継ぎもせず会社を辞めたときと同じで、今思うとめちゃくちゃ自分勝手。しかも僕が付き合ったのはたった1週間なのに、結局、田中さんは30年も付き合ってくれているわけです（笑）。

こうして2カ月後の4月、田中さんも東京へやって来ました。

小学校からずっと彼なりに僕という人間を見てきて、「遠ちゃんと一緒やったら、なんかおもろいことになりそう」と期待してくれたのかもしれませんね。

東京って怖い……。腕毛事件

先に上京した僕は、東京にいる同い年のいとこを頼った。しかも、いきなり。そんなに密に連絡を取る間柄ではなかったにもかかわらず、だ。でも、彼が井の頭線の久我山というところにアパートを借りて住んでいるということは知っていました。

大阪をたつ直前、僕は伯父さんから聞いた連絡先に電話をかけてみた。

「俺、今から東京行くわ」

「はいはい」

と言いつつも、「章造のいつもの冗談ね」とばかりに信じていない様子。でも僕は実際に向かってしまうのです。

「今、東京駅に着いてんねんけど、どうやって家まで行ったらええかな？」

「はいはいはいはい。山手線に乗って渋谷に着いたら、〝いのあたま〟と書いて〝いのかしら〟と読む路線があるからそれに乗ったらええわ」

彼はまだ僕との長いミニコントが続いていると思い込んでいる。

「井の頭線いうところに着いたで」

「じゃあ久我山って駅まで来てくれたら迎えに行くわ」

「わかった〜」

久我山駅に着いて再び彼に電話。

「○○って薬局の前にいるんやけど」

「えっ!! お前ホンマに来たん?」

ようやく彼はこれがコントではないと気づくわけです。


その後、僕は彼が住む家賃8万円のワンルームマンションに転がり込んだ。さらに、今はもう閉店していますが、彼がバイトしていた渋谷にある『エルム』という喫茶店を紹介してもらい、そこで僕もバイトをすることになった。

いとこ、めちゃくちゃいいやつじゃないですか? いきなり来たのによくすんなり受け入れてくれましたよね。

いやらしい話ですが僕と一緒にいたことで、彼にもメリットはあったんですよ。初めての彼女を紹介したのは僕ですもん。

エルムの前にあった銀行の受付の女の子を好きやと言うから、僕が先陣を切って銀行に突撃。「すいません、通帳を作りたいんですけど……あと、これいいですか?」と連絡先を書いた紙を渡して、橋渡し成功です。

それこそ、田中マーくん(田中将大)と里田まいちゃんをくっつけたパターンと同じ。さかのぼれば、中学時代には直ちゃんの告白を後押ししたり、彼女を紹介したり。昔から周りの人が幸せになるのを見るのが好きなんですよね。こんなおせっかいばかりしてきた気がします。

そして2カ月がたち、東京での生活に慣れつつある頃、田中さんから「いついつ行くわ」と連絡が入りました。田中さんも同じ久我山に、家賃3万6000円の風呂なし・共同トイレのアパートを借りました。

いよいよ正式なコンビとしてスタートです。

僕は相変わらず渋谷のエルムでバイト、田中さんも渋谷にある別の喫茶店でバイトを始めます。一緒に電車に乗って通勤する日々の中で「東京って怖い街だな」とお互いに認識した出来事もありました。

バイト先で田中さんは最初、ホールを任されていました。

暖かな季節ということもあり、ユニホームは半袖シャツ。前に書いた通り、彼は腕毛が非常に長い。彼自身はものすごくナイスガイなのに、その腕毛が災いした。

「お待たせしました」とメニューを提供する際に見える腕毛が女性のお客様に不評だったのか、おそらく「あの人の接客はやめてほしい」といった苦情のようなものが寄せられたんでしょうね。

数日後、僕がバイト終わりに田中さんを迎えに行ったところ、ホールに姿が見えない。店内をよくよく確認すると、厨房にいたんです。

彼は多くは語らなかったですが、なんとなく察しました。帰り道、都会の風が妙に身に染みました。

大阪から出てきたばかりの若造へ、世間からの冷たい洗礼でした。

コンビ名が『ココリコ』になった訳

2人で芸人を目指すにあたり、まずはコンビ名を決めなくてはなりません。

「『ココリコ』はどう？」

僕は田中さんに提案しました。

なぜココリコかというと、中学時代までさかのぼります。

田中さんと学校から一緒に帰っているときに「じゃあ、また明日ねー」の分岐点があって、ある日、そこに手帳が落ちていたんです。それがまた分厚くて高価そうな革のシステム手帳で、中学生ながらに「きっと大事なもんなんやろな」とわかった。中をのぞいて、その日の予定を確認してみました。

――18時に喫茶ココリコで待ち合わせ

「ココリコって、梅田にあるココリコかな?」

「そうかも。じゃあ届けに行こうか」

そうして田中さんと2人で電車に乗って、店まで行ったんです。

ココリコに入って手帳を掲げたら、すぐに落とし主が見つかった。ものすごく喜ばれたうえに、お礼にと1万円を渡された。

それが縁起のいい思い出としてずっと記憶に残っていたんです。また「ココリコ」という響きも中学生の頃から気に入っていて、しょっちゅう口にしていたこともあり、コンビ名に使いたかった。フランス語でニワトリの鳴き声を意味するなんてまったく知らずに。

一方、田中さんが提案したのは、

「爆撃する、みたいな意味で『ボンバーズ』ってどう?」


……まったくキャラじゃないやん。

でも当時、コンビ名に「ん」が付くコンビ名は売れる、みたいな説があったんですよね。

ダウンタウンさん、とんねるずさん、ウッチャンナンチャンさん、ナインティナインさん……ね、みんな「ん」が付いてるでしょ。

だから僕らもゲン担ぎに『ん』を付けな！」となって、『ココリコボンバーズ』が誕生。

1992年4月のことでした。


それからデビューして3年くらいは、ココリコボンバーズで活動。この名前でちょこちょこテレビやラジオにも出ていました。

そんな中、ココリコボンバーズからボンバーズを外すきっかけをくれたのは、極楽とんぼの加藤（浩次）さん。極楽とんぼのおふたりと飲んでいるときに、言われたんです。

「お前ら、コンビ名ダサくねぇか？」

「そうっすか？」

「ボンバーズ、ダセぇよ。ココリコだけにしろよ」

「でも、『ん』が付いたほうが売れるっていうじゃないですか。極楽とんぼさんも付いてますよね」

「いやいや、ダメダメ。ボンバーズなんてダセぇし、お前らのキャラにも合わないから、ちぎっちゃえ」

取っちゃえ、じゃなくて、ちぎっちゃえ。加藤さんらしいでしょう（笑）。

「……じゃあ、ちぎります」

こうして僕たちは、ココリコになりました。

結成1カ月で舞台デビュー！

いつもはバイトが終わると田中さんを迎えに行くのですが、その日は定時より1時間早めに終わり、ひとりで先に帰宅。テレビをポンとつけたら、16時50分を少し過ぎたくらいの時間が表示されていました。

流れていたのは、若手芸人たちによる生放送番組。最後に、司会者の「告知ある人〜！」という言葉とともに、のちにお世話になるトリオ――インパクトさんがフリップを持って前に出た。

「吉本興業が『吉本バッタモンクラブ』というオーディションイベントをやってます。次回は5月14日木曜日18時からなんで、ぜひお願いしまーす！」

フリップの下のほうに電話番号も書いてあったので、なんとなくメモをしました。

どんなイベントなのかいまいち理解しきれていなかったものの、アホな僕は躊躇なし。早速、家電《いえでん》から電話しました。

「オーディションをやってるって番組で見たんですけど、どうしたらいいですか?」

「でしたら、5月14日木曜日の13時に、乃木坂にある『赤坂プレイボックス』という劇場に来て、ネタ見せしてください」

「わかりました〜」

電話を切り、田中さんがバイトから帰ってくる時間に合わせて彼のアパートへ行き、一連の話を説明。せっかくだから参加しようと、ネタを作ることになりました。


オーディションまで日がなかったので、まずは1本。お互いに案を出し、バイト帰りにアパートの近所の公園で合わせてみる。いとこにも披露して「ここはこうしたほうがええんちゃう?」などと客観的な意見ももらい、試行錯誤しながらなんとか7〜8分くらいのコントを完成させた。たしか、テレクラのネタだったはずです。

そうして迎えた当日。13時に赤坂プレイボックスに着くと、吉本興業の社員さんが数名いました。受付用紙に「ココリコボンバーズ」と記入してしばらくしたら、「じゃあ次は君たちね」と呼ばれ、ネタ見せが終わったのが14時。

「オーディションの合否が張り出されているから、17時にもう一度ここへ戻ってきてください」

そう言われて、3時間くらいそのへんをぷらぷらして時間を潰しました。

17時に劇場へ戻ると入り口に張り紙があり、なんと一番上にココリコボンバーズの名が！　そこにはほかに何組ものコンビ名が並んでおり、下から3番目には先日のテレビで見たインパクトさん、次に極楽とんぼさん、そして一番下に山崎邦正（現・月亭方正）さんが組んでいたTEAM―0さんの名前があった。

その日のイベントの出番表だったわけですが、僕たちはなんの張り紙なのかよくわかっていなかった。近くにいたスタッフさんに「すみません、ここに名前が書いてあるんですけど、これってなんですか?」と尋ねたところ。

「今日これから1時間後に始まるライブで、君らトップバッターやから、出て」

「えっ!!」

2人ともびっくり。これまで人前でネタをやったこともないズブのド素人がいきなりの舞台デビューです。

しかも張り紙に名前があったコンビでその日が初出演なのは僕らだけ。次のコンビ以降はバッタモンクラブに何度か出ているようでしたし、インパクトさん、極楽とんぼさん、TEAM－0さんに至ってはすでにイベントの要で、レギュラーみたいな感じでした。

特に方正さんの人気はとんでもなかった。女の子たちの黄色い声で方正さんのいる場所がわかったほど。出演者はみんな乃木坂駅から地下鉄に乗って帰るんですが、ホームにも方正さん目当ての女の子がずらっと並んでいる。バレンタインのときも、軽トラック2台分のチョコレートが届いたとか。

そういえば……ココリコは、後にも先にも〝キャー！時代〟がない！「あー」くらいはありますよ。「ココリコ、知ってる知ってる」「がんばってね～」的な。でも、熱狂的な声援に「うるさいから黙れ黙れ」と照れ隠し半分で塩対応、みたいなことは1回もない。

僕が一緒の舞台に立って、これが女の子人気というやつね、と実感したのは、そのときの方正さんと、のちに『銀座7丁目劇場』で出会うロンドンブーツ1号2号。

僕らは舞台に出ていったらパチパチと拍手があって、すぐに静かに。「あ、もう普通にネタを聞いてくれるのね」状態。とはいえ、そんなふうに人気が薄いまま30年も芸人を続けてこられたのは、ありがたい話です。いや、マジで。

……あ、唯一「キャー!!」を浴びられる場所がありました!

関西で爆発的な人気を博していた雨上がり決死隊さんやナインティナインさんたちによるユニット・吉本印天然素材の冠番組の前説をココリコが務めていたときのことです。キャパシティ2000人の後楽園ホールでの収録は、超満員。まずは暗転している会場に前説の僕らが出ていきます。

客席にいる人たちは人影が見えたらもう天然素材のメンバーだと思い込んでいるから、「キャー!!」と黄色い声援に包まれるんです。明転した途端に「誰〜?」となるんですけど……。

「天然素材じゃなくてすみません」

それが前説のつかみになっていました。

浴びたといっても僕たちへの「キャー!!」じゃなくてすみません!

さて、かなり脱線しましたが、初舞台の話に戻ります。

舞台の袖から会場を見ると、お客さんがずらーっと座布団に座っている。忘れもしない、112人。手帳に書いて記録していたんです。

音楽が流れ、照明がバンバン変わり、明転したのと同時に僕たちは舞台の真ん中へ。その瞬間、頭は真っ白。ウケているのかウケていないのかすらわからないまま、とにかく必死にネタをやりきった。

舞台からはけると次の出番の人たちがたむろしているんですが、当然ながら誰も知らない。さすがの僕もド天然全開で話しかけるなんてことはできなかった。だから、エンディングで出演者全員が舞台上に集まるときも、田中さんと2人、端のほうでひっそりと立っているだけ。ライブ後も誰とも会話せずに久我山まで帰りました。

でも舞台に立てた興奮を遠距離恋愛中だったAさんに早く伝えたくて、電車を降りてすぐ、久我山駅の公衆電話から連絡しました。若いですね……。

それにしても、まったくツテもないのに芸人を目指して2月に上京し、大した準備もしないまま5月に舞台デビューできたなんて、やっぱりツイてるとしか思えない。当時は単純に芸人の分母が少なかったんですよね。まだ東京本社が東京事務所の頃で、プレハブに電話がひとつ置いてあるだけ。あとは、間寛平師匠主演の映画『ファンキー・モンキーティーチャー』のポスターがドーンと貼ってあった気がします。

これから東京でも自前の芸人を育てていくぞ〜！のとっかかりくらいの時期で、僕と田中さんの見た目やキャラがうまく社員さんにハマッたのはラッキーでした。今みたいに吉本だけで6000人以上も芸人がいたら、こんなに早く日の目を見るのは絶対に無理やったと思います。

吉本興業にも、いつの間にか所属していた感じです。そう、いろいろあった2019年までは契約書もなかったですしね。

バッタモンクラブの常連になり、吉本を通じてほかのオーディションに参加したり、テレビの深夜番組に呼んでもらったりするうちに、「俺らって吉本所属ってことなんかなぁ」と漠然と思うようになった。NSCを卒業していたらもっとわかりやすかったんでしょうけど。不思議な入り方をしました。

たまたまバイトが早く終わらなければ、たまたまつけたテレビでバッタモンクラブのオーディションの告知をやっていなければ、吉本の芸人にはなっていなかったかもしれない。これも〝縁とタイミング〟でしょうね。

やらかしまくりの超若手時代

当時のバッタモンクラブは月に1回――毎月第3木曜日の開催だったので、僕たちは1カ月間バイトをしながら新たなネタを作り、6月の第3木曜日に再びオーディションへ向かいました。

が、6月は不合格。再びバイトとネタ作りの1カ月を過ごし、7月は合格！　しばらくは一進一退の繰り返しでした。

そのうち、先輩方にも顔と名前を覚えてもらえ、かわいがっていただけるように。というのも、後輩が僕らくらいしかいなかったんです。もうひと組、今は解散したとっかん小僧というコンビが同期にいたんですが、彼らは2人ともバイクでやって来て、ネタをやったらまたバイクで去っていくキャラで、尖ってたんでしょうね。

極楽とんぼの山本（圭壱）さんとぐっと距離が縮まったのもこの頃。夏にバッタモンクラブ3デイズ浅草公演みたいなイベントがあり、僕たちココリコも参加させてもらったのがきっかけです。

山本さんは、野球とかわいい子が好きなんですよね。かわいい顔をしていた20歳の僕が高校球児だったことを知ると、草野球に誘ってくれて。以来、週7で一緒に過ごすようになりました。

当時はまだ『軍団山本』と呼ばれる前でしたし、ほぼ2人きりでプロ野球を観に行ったり、ご飯を食べに行ったり。山本さんもそんなにお金はなかったですが、よくおごってもらいました。

裕福な遊びはできなかったので、山本さんの家でずっと『ファミスタ』という野球ゲームをやったりも。熱中しすぎて終電を逃し、泊まることもしょっちゅうで、6畳1間で雑魚寝していました。

この頃の僕は今より輪をかけて〝イタイタ人間〟だったので、やっちまったエピソードも満載。最たる出来事が「キョンキョン（小泉今日子さん）へのウザ絡み事件」です。

三宿にあるイタリアンレストランで山本さんと2人でパスタを食べていたら、奥の席に、あの小泉今日子さんと観月ありささんがいたんです。

小学校時代に大ファンだった〝キョンキョン〟を見かけて大興奮してしまった僕は、山本さんに言われたわけでもなく、「何かおもろいことしてやろ」と自らテーブルに近寄りました。手には自分のコースターを持って、話しかけると……。

「すみません、サイン……」

「あ、ちょっとごめんなさい」

「いや、サインしようかなと思って」

「えっ!!」

2人とも目をまんまるとさせ少し驚いた様子。

「僕、芸人やってるんですけど、サインしようかなと。大丈夫ですか?」

「はぁー……ごめんなさい……」

アホすぎます。失礼極まりないイタい素人でしかないので当然の反応です。

「すいませ〜ん」

あっさり引き下がって、山本さんに「いやー、やっぱり無理でした。ケラケラケラ」

何がおもろいねん。ホンマ、イタイタでした。

それから何年かたって、小泉さんとクイズ系の特番でご一緒したことがありました。しかも同じチーム。僕はその出来事を一方的に覚えているから、大変失礼なマネをしたと内心ヒヤヒヤしていた。そのとき。

「遠藤さん、わかる？　この問題」

小泉さんが僕にそう問いかけた。

この人の頭の中に、俺の顔で〝遠藤〟ってインプットされてる！

僕は問題そっちのけで、小泉さんに「遠藤さん」と呼ばれた喜びをかみしめた。

その日の夜も「キョンキョンの頭に俺のことが刻まれたわ〜」と興奮冷めやらない状態。もう、あの日の失態に対する反省なんてどこへやら。相変わらずイタイタでした（笑）。

その後、ココリコのコントライブを1回見に来てくださったこともありましたが、もちろんウザ絡み事件については黙ったままです。

やっちまったエピソードで、もうひとつ。

よくダウンタウンの松本（人志）さんがおっしゃる「遠藤との最初の出会いは、ナンパしてきた訳のわからん女を連れてきた」はホンマの話です。口説いたばかりの女性となんとかもっと近づきたいと思い、ひらめいたのが……。

「ダウンタウンさんの『ガキ使』、観に行く？」

まだココリコが前説をする前ですよ。今考えたらおぞましい言動ですが、イタイタの僕は方正さんというツテを頼って、ダウンタウンさんそれぞれの楽屋に、女性を連れて挨拶に行きました。

「ちょっと勉強させてもらっていいですか？」

「お～、入れ入れ」

さすがダウンタウンさん、懐が広すぎた。「あかん」と拒否られたら終わりですから。というか、そう言われて当然の奇行です。

ただ、危険を冒して連れて行ったかいはありました。「すごいよ、遠藤君」と、一気に女性と距離が縮まった。ダウンタウンさん、ありがとうございます！

いやぁ、遠藤章造、みなさんに生かされています。だからでしょうか、自分が先輩方にいろんなことを許していただいてきたので、後輩が何か粗相をしても許してしまう。僕が怒れる立場じゃないですもん。

バチバチの銀座7丁目劇場！

山本さんとの蜜月を過ごす中、1994年に銀座7丁目劇場がオープン。バッタモンクラブの活動拠点となり、またオーディションを経ていろんな後輩が一気に入ってきた。そしてロンブーの（田村）淳やペナルティの脇田（寧人）、品川庄司の庄司（智春）など、山本さんを慕う後輩も増え、軍団山本になっていくわけです。

銀座7丁目劇場はもともと天然素材の東京進出に合わせてできた劇場。そこに、すでに東京で活動していたバッタモンクラブが組み込まれた形でした。

さらに、大阪からは千原兄弟さんを中心とした心斎橋筋2丁目劇場、小籔（千豊）くんらがコンビを組んでいたビリジアンを含む天然素材の弟分ユニット・フルーツ大統領のメンバーも来ていた。

あの頃はみな若くて尖っていたので、よく言われる大阪組VS極楽とんぼさん筆頭の東京組のバチバチした空気はたしかにありました。

でも不思議と僕はみんなと仲が良かったんです。基本はバリバリ山本派、極楽とんぼ派閥でしたが、極楽さんもココリコ2人が平和主義だとよく知っているから「あいつらと口きくなよ」みたいなことを、直接言われたことはなかった。

それに、僕らは天然素材の冠番組の前説をしていたし、チュパチャップスさんとはテレビ静岡の生放送番組『生だ!静岡!キンゴロー!』でご一緒していましたし。特に(宮川)大輔さんにはアディダスの紺のジャージをおそろいで買ってもらうなど、かわいがっていただいた。

もしかすると、いい意味で空気を読まないアホさ加減が、ギラついた若手が集まる戦場のような劇場でもうまく発揮されたのかなぁ。だから大阪組の人たちと劇場で一緒になれば、普通に「めちゃくちゃ面白いっすね」などと声をかけに行ったものです。

野球部のキャプテン時代にも通じるというか、「みんなで売れたらいいのに」と考えるタイプでした。スターになれない僕のいいところでもあり悪いところでもあるんですが、周りを蹴落としてまで一番になりたいと思えない。ゆえに、ライバル視していた芸人もいなかった。

でも銀座7丁目劇場時代はロンブーと比べられることはあったかもしれない。舞台もロンブーの回、ココリコの回みたいな感じで分かれていたし、ちょうど同じ時期に、テレビ朝日系列で23時台に放送されていたネオバラエティ枠で、僕らが『ココリコA級伝説』、ロンブーが『ぷらちなロンドンブーツ』をやっていた。

とはいえ僕にはかわいい後輩だったし、そもそも芸の方向性がまったく違ったので意識はしていなかった。

決定的に芸風が違うなと実感したのが、同じタイミングで沖縄ロケがあったとき。

僕らはおならを1発したら100円もらえるっていう企画で、首里城から名護のほうまで歩きながら行く。いもを食って、ぶっぷっ。「今2発出た。200円ちょうだい」みたいな感じのアホな企画です。

一方ロンブーは、当時の一番イケてるアイドルたちと一緒にビーチで遊ぶというロケをしていた。

その姿を見たときに、「人の道ってこんなに違うのか……」と思い知らされた。「あっち側に行きたかったな、でも俺たちはそっちじゃないんだな」と。

あまりに落差があったんで、ライバル視するにも至りませんでした。

ココリコ唯一の大ゲンカ勃発

ココリコのネタは、昔から田中さんがベースを作ります。結成当初はお互いに案を出し合って、2人でしゃべりながら作り上げていた。でも次第にスタイルやペースの違いが浮き彫りに。

田中さんは長考癖があるんですよね。僕はじっと立ち止まるなら先に進みたいタイプで、まさに正反対。

ネタに行き詰まったときに僕が「じゃあ、違うのにしようか。これはどう？」と次に行こうとしても、田中さんは「ちょっと待って、さっきのは……」と戻りたくなる。さらに「ちょっと書くわ」とノートに整理しだすんです。それがものすごく時間がかかる。徹夜してもまったく完成しないこともあり、僕はお手上げ。

それにネタ作りにも向き不向きがあって、何度も打ち合わせをしていくうちに僕より田中さんのほうが向いていることがわかりました。だったら、田中さんが一番やりやすい方法で作ったほうがいいという結論に至ったわけです。

以来、ネタはおまかせシステムに。僕はその隣で将来のテレビ欄を書いていた。NHKや民放キー局5局の朝6時から深夜2時くらいまでの架空のテレビ欄。学生時代に鍛えられた妄想力がここでも発揮されました。

『ココリコのどうなってるの』に、『ココリコクラブ』……レギュラー番組が15本くらいあった。どんだけ売れてんねん！

ほかにも、ココリコのグッズを作るならこういうロゴがいいんじゃないかとか、くだらないながらも明るい未来に思いをはせるというアホさを発揮していました。

ツッコミとボケの役割分担は、話し合って決まったわけではありません。田中さんが作ったコントの台本を見ると、基本的に田中さんがボケて、僕がツッコむ形だったので、自然とそうなった。

また当時は、ダウンタウンさんの影響もあって、ツッコミ＝仕切るという時代でもあったんですよね。番組の冒頭で「さぁ、本日も始まりました」とまず話し始めるのがツッコミ。だから僕と田中さんでいえば、僕がツッコミをするのは自然な流れでした。

ただ、学生時代は僕が完全にボケ側で、ツッコむタイプではまったくなかったので、当初は違和感があった。田中さんはボケでもツッコミでもなかったので余計に。そう考えると、よくこの2人でコンビを組もうと思いましたよね。無計画にもほどがある（笑）。

だからか、若い頃は「俺がボケたい！」という思いが心のどこかにあったんでしょう。ネタ中は決まった設定の中で動いているので何も気にならないんですが、それ以外の平場ではボケへの嫉妬が多少なりともあった。

ボケがフィーチャーされることに対して。ツッコミはでーんと構えるというスタイルのほうがかっこいいのはわかっていながらも、売れたい焦りもあるし、「俺はもっとこんなことができるのに！」と認められたい気持ちも強かった。血気盛んな若さゆえですね。

暴走しなかったのは、先輩方のおかげ。「遠藤は天然や」といじってくれたり、かわいがってくださったりしたので、腐らずいられました。

一方で、相方に対する複雑な思いは、次第にコンビ仲にも影響を及ぼします。

銀座7丁目劇場の舞台に立つようになった頃。芸人を目指したときにひとつの区切りとして考えていた3年後、23歳になったけれど、テレビのレギュラーはゼロ。自分が思い描いていた状況には程遠かった。

「俺がこんなにがんばってるのに売れないのは、あいつががんばってないからや」

自分勝手なもので、非難の矛先は相方に。お互いに不満が出てくるから、どんどん負のスパイラルに陥って、必然的に仲が悪くなっていった。

ネタ合わせをしていても険悪。というか、その前段階から「ネタ合わせするのにどっちから声かけんねん。俺からはかけへんで」という膠着状態。田中さんもたぶんそうだった。だけどネタ合わせはやらんとあかんし……で、どちらかともなく「そろそろやろか」と最悪な雰囲気でいつも始まっていました。

この頃にはすでに、お互いの呼び方も「直ちゃん」「遠ちゃん」から「田中」「遠藤」と名字呼び捨てになりました。

これもダウンタウンさんの影響が色濃くて、僕らの世代は、コンビ仲は悪いほうがかっこいいという風潮もあったんです。コンビなのに楽屋でしゃべってるのってダサない？みたいな。ほかのコンビもみんなそうだった。当時、仲が良いなと僕が思ったのはキャイ〜ンさんとネプチューンさんくらいで、吉本芸人ではひと組もいなかったと思う。

いや、ダウンダウンさんのおふたりは、決して仲が悪いわけではないんですよ。どちらかというと、お互いに我関せずで、「仕事で顔合わせたときに、どーんとおもろいことしたらええんやろ?」というスタンスなだけでした。それが若手芸人からしたら「かっこいい〜。俺らもこうなりたい!」の憧れがすぎて、コンビ間で仲が悪くなるわけです。

お互いに顔も見たくないし、同じ空気を吸いたくない。先ほど書いたように、ネタ合わせをするのさえひと苦労。結果、ネタ合わせをほぼほぼせずに銀座7丁目劇場に立っていた。そんなの、まともにコントができるわけないじゃないですか。

ある日、舞台から下りた瞬間、まず俺から吹っかけた。

「ちゃんとせいや、おら！」

「ちゃんとやっとるやんけ！」

「なんやこらぁ！」

あわや、殴り合いのケンカが始まりかけたところで……。

田中さんはキャラクター的に「なんやこらぁ！」と啖呵を切れるタイプではなかった。

読者の方も田中さんの感じわかりますよね？

おそらく彼の中では「なんや、てめぇこの野郎！」と返したかったんでしょうが、大事な時にとんでもない言い間違えをしたんです。


「なんや、このてめぇ野郎！」

このてめぇ野郎!?……ってなんやねん!!

僕の闘争心は一気に鎮火。本人も自分が噛んだことに気づいたはずです。ちょうど周りの人たちが「まぁまぁまぁ」と止めに入ってくれたのもあり、大ゲンカには至らなかった。

それがココリコ唯一のケンカですね。もしあのとき田中さんが噛んでなかったら、さらにヒートアップして、ひょっとしたら解散していたかもしれない。いやぁ、噛んでくれて良かった！

ただ、解散は免れたものの、相変わらず売れない日々は続きます。デビューから3年が過ぎ、このままなら芸人をやめたほうがええな、という空気はお互いに漂っていました。

だけど、やっぱり僕はツイていた。

24歳で、毎週金曜日の17時からテレビ静岡で生放送される『生だ！静岡！キンゴロー！』のレギュラーが決まったんです。おかげで、首の皮一枚でつながった。

その後、25歳を境目に順調に仕事が増えていき、冠番組を持たせてもらったりおのおのの仕事も決まったりして、いわゆる〝売れっ子〟というところまで経験できた。

かといって、仲がめちゃくちゃ良くなったわけではないですよ。でも、たくさんのレギュラー番組を抱えているから必然的に毎日一緒にいましたし、お互い心に余裕もできて、関係最悪な状態は徐々に脱していった気がします。

そして結成30年、お互いに50歳を越え、2人とも離婚経験があり、いろんなことを背負っていますし。揉めてもいいことないと十分わかっている大人になりました。

加えて、仕事に忙殺されていた頃に比べてスケジュール的にも落ち着き、ココリコとしてもボチボチやっていこうかというモードになったタイミングで、また関係が和らいだ。第一章にも書いたように〝友達〟の感覚に戻ってきた。

そういう意味では、コンビを結成して今が一番しゃべっているかもしれない。最近では、「この年になったら、むしろコンビ仲が良いほうがかっこいいでしょ」くらいの感覚でいます。

借金苦と25円の給与明細

24歳でレギュラー番組を持つことになったわけですが、Aさんが結婚したいと言っていた23歳はとうに過ぎています。実はこの時点で、Aさんとは残念ながらお別れしていました。

23歳のときは芸人の仕事は少なく、しかも大きな借金を抱えていたため、結婚するなんてあり得ない状況でした。お互いにやや疎遠になっていたとはいえ、約束をして東京に出てきたし、待たせているかもしれないという気持ちもあり、Aさんに電話をしたところ、

「実は結婚すんねん」

どうやら僕と離れている間に、Aさんには人生のパートナーが見つかっていたよう。

「あー、そっか。良かった」

どこかでホッとしている自分がいました。

借金はありとあらゆる消費者金融——最大8社に、それぞれ限度額いっぱい借りていました。

喫茶店のバイトだけやっていたら十分メシは食えるけれど、芸事に集中したくて辞めました。かといって芸人としての仕事は月に数回しかないし、1本あたりのギャラも安い。当然、食べていけません。

なんとなく仲間内でうまくやりくりしながらその日暮らしをしていたものの、やがてお金が回らなくなり、消費者金融にお金を借りようかとなるわけです。それを種銭にして競

馬場や競艇場に足を運び、ばくちで一発逆転を狙う。

そんなどうしようもない生活を送っていました。でも、当時は周りの芸人みんなが似たような状況だった。全然イメージが湧かないでしょうが、田中さんにも借金がありましたからね。


その頃は消費者金融の金利が29%くらいで、毎月金利分の数万円しか返済できず、なかなか元金が減らなかった。最終的に、会社からもお金を借りるハメに……。

そのせいで、いまだに手元に残しているんですが、25歳の9月の給与明細は25円でしたからね。

25という数字を見たときに何かの暗号かと思いましたもん。テレビの仕事もちょこちょこ入っている頃だったから、まさか給与が25円とは想像もしなかった。

「2＋5で7やろ、かけたら10か。どういうことやろ。……ちゃうちゃう、これ25円やわ！」

吉本への借金の返済分がいろいろと差し引かれていただけでした。

金銭的には、芸人人生で最大級にやばい時期だったかもしれません。

弟が結婚したのもこの頃で、当然兄として結婚式に呼ばれます。でもお金がなさすぎて交通費さえ捻出できず。結局、両親に「お金を貸してください」と頭を下げて、なんとか出席できた。ご祝儀までは用意できなかったんじゃないかなぁ。

だけど26歳を迎える年に『ダウンタウンのガキの使いやあらへんで！』や『笑っていいとも！』といった超人気番組に出演できるようになり、芸人人生の歯車が一気に好転。いよいよ借金を一括返済する日がやって来ます。

渋谷駅そばの雑居ビルに、僕が借りていた消費者金融がすべて入っているビルがあったんです。そこへ行って、上階から順に返済していく。

返し終えたら、ハサミを借りてカードを真っ二つに切る。

「万が一のことがあるんで、まだ持っておいてください」

そうスタッフさんに言われても、「いや、大丈夫です。本当に助かりました」と躊躇なくハサミを入れた。僕なりのケジメです。

そうして最後の1社の返済を終え、すべての借金がなくなったとき、ビルを出て空を見上げたらものすごい晴天で。

「20歳で東京に出てきて、もしかしたら俺はずっと下を向いていたのかもな」

そう感じたくらい、心までぶわっと晴れていった。ひとりで「めっちゃ天気ええなぁ」とつぶやいたのを、よく覚えています。

前説のプロ!!

ココリコには〝ほぼほぼ前説時代〟が存在します。『吉本印天然素材』に『嗚呼！バラ色の珍生!!』『新伍&紳助のあぶない話』『どうぶつ奇想天外！』『はなきんデータランド』……挙げればキリがありません。借金まみれながらも、結構忙しくはしていました。

かといって、別に前説がうまいわけではないんです。マネージャーのおかげ。だから前説の心得みたいなものもない。だって、正直なところお客さんにとっては前説なんてどうでもいいんです。その後にスターが出てくれれば否が応でも盛り上がるから。

どちらかというと、僕らのベクトルはスタッフさんに向かっていたかもしれない。「こんな芸人がいますよ」とアピールする感じです。

なんの準備もしていなかったわりにはそつなくこなしていましたが、いまだに悔いていることもあります。

桂文珍師匠がMCをされていた『はなきんデータランド』の前説です。生放送だったので開始10分前くらいから前説が始まる。わーっと観客席を温めて、「そろそろ時間です。桂文珍師匠です。お願いしまーす」とはけて終わり。

すると、文珍師匠のマネージャーさんから「君らさ、師匠を呼び込むときにもうちょっと何か足したほうがええで」とアドバイスされたんです。

アホな僕は素直に受け取り、「よし、なんかおもろいコメント足したろ」と張り切った。

そして次の週の前説で披露したのがこのコメント。

「さあ、みなさんお待たせしました。最近、めっきり力をつけてまいりました。桂文珍師匠です！」

「誰に言っとんのや！　お前、アホ〜」

文珍師匠に笑いながら突っ込まれました。ただ、捌けてからマネージャーさんにはめちゃくちゃ怒られた。「お前ら、何年目や！」って。

そりゃそうですよね。デビュー3〜4年目の若手が、天下の桂文珍師匠をつかまえて「最近、めっきり力をつけてまいりました」って。どの口が言う？　でもそれを言っちゃうのが僕。やっぱりアホなんで、「まぁえっか」と開き直っちゃうんですよね。

僕たちにとって前説は、売れっ子の仕事ぶりを間近で見られる大きなチャンスでもありました。特に島田紳助さんの番組は非常に勉強になりました。

そして、これまで携わった前説の中でも究極の番組が『ダウンタウンのガキの使いやあらへんで！』（以下、ガキ）。

初めて前説をしたのが１９９６年。１９９５年の大晦日に浜田（雅功）さんが『ＷＯＷＷＡＲ　ＴＯＮＩＧＨＴ～時には起こせよムーヴメント～』で紅白に出られていて「かっこいいな～」と見ていた次の年に決まった覚えがあります。

キーパーソンは方正さん。松本さんと方正さんがよく遊ばれていて、また方正さんはバッタモンクラブのときから僕ら、特に田中さんと仲が良かった。そのつながりで、松本さんから方正さんに「前説、誰かおらんかな」と話があったときに「じゃあ、ココリコにやらせるか」となった。

だから、方正さんには足を向けて寝られないほど恩義があります。

方正さんは、ココリコにとって〝永遠のお兄ちゃん〟。面倒見がよく、程よい距離感を保ちつつも、自身の落語会に呼んでくださるなど、いまだに僕らのことをすごく考えてくれている。

また、好奇心旺盛かつ努力家であるところも大尊敬。思い立ったらまずは行動に移される方なので、若いときからいち早くパソコンに触れたり、ピアノを弾いたり、大学入試に挑戦したり。落語の道に進むと決めたときも、すぐに家族ともども大阪に引っ越して、今や立派な落語家になって活躍されているところがすごい。その生き方も含めて、大好きな先輩です。

さて、憧れてやまないダウンタウンさんの冠番組、しかも高校時代には寮を抜け出して友達の家で録画を見まくった『ガキ』の前説と聞いた僕は、単純にブルッた。でも、「よっしゃー！」とワクワクする思いのほうが強かったかなぁ。結構、いろんな前説をやらせてもらっていたから、多少自信があったんでしょうね。

しかし、すぐに鼻っ柱は折られる結果に。いざ初収録に臨んだら、それまで経験した前説とはまったく勝手が違う。ネタは一切なし、フリートークで勝負。スタッフさんからの指示も「ただウケて」のみ。

僕らは24〜25歳で、ダウンタウンさんもまだ30代前半でゴリッゴリに尖っている時期。スタッフさんもゴリッゴリで、お客さんもゴリッゴリに尖っている。全員が「ダウンタウンさん以外の笑いなんて、一切認めませんよ」というスタンスの中に飛び込んでいくわけですから、地獄でしかなかった。

楽屋もなかったから田中さんと2人で近くの駐車場でずっと待ってて。「はい、自分ら前説やって〜」とスタッフさんが呼びに来て、『ガキ』のセット前に出ていく。観客はずらーっと座っているのに、まばらな拍手もない。

アウェイ中のアウェイでフリートークをしたところで、笑ってもらえない。その上、ほかの前説であれば大体10分、長くて20分程度のところ、ダウンタウンさんの準備次第で30分、1時間なんてことも平気である。「そろそろ締めてください」ってカンペが出てくるまでやり続けなければならない。時には、すでにダウンタウンさんが袖でスタンバイしていることも。ちょっと試されているんですよね。

何度も言いますが、白を「黒」と言ったら、みんな「黒」と続く時代のダウンタウンさんですから。こんな地獄はない。汗びっしゃー、です。

それでも、継続は力なり。必死に続けるうちに、番組のほうにもちょこちょこ出演させていただけるようになった。ゴリッゴリに尖っていた客席からも、ちょっとずつながら「わー（パチパチ拍手）」をいただき、次第に笑い声まで聞こえるようになった。そして、ええ感じに場を温めることもできるまでに成長した。

最初はめっちゃくちゃ厳しいトレーニングだったけれど、だからこそ、ものすごい学びの場でもありました。

田中さんとは出番前に「今日何しゃべる?」と話すこともなかったので、いわゆる〝ぶっつけ本番〟でどんな空気になるのか身に染みてわかった。

あの何年間かがあったのとなかったのとでは、芸人としての気持ちの持ち方は絶対に違ったはずです。

「あの現場をクリアしてるから、どんな現場でも大丈夫でしょ」

そういう大きな自信がつきました。

芸人として試される『ガキ』

ダウンタウンさんとまともに話せるようになったのは、1997年にレギュラーへと昇格してから。

当時は大体15時入りくらいで、ダウンタウンさんはオープニングのコント企画を録ってから楽屋に戻って、着替えやフリートーク用のハガキチェックをされる。その間に僕らは楽屋へ挨拶に行き、前説の準備をします（準備をするも何も、ぶっつけ本番ですが）。

そうしてハガキトークは20時からスタート。1時間ちょっとしゃべられて、21時過ぎに終わる。そこから松本さんの楽屋にスタッフさんが集合して、深夜0時、1時ぐらいまで会議をするのがざら。そこに僕らも参加させていただき、会議が終わったら食事に行くのがお決まりの流れでした。

松本さんとの食事は、いわゆる〝すべらない話〟の原型のような感じ。大喜利まではいかずとも、芸人として試されている空気がありました。

「遠藤、先週何してたん？」

松本さんから振られたら、僕は自分のダメダメエピソードを披露。笑っていただけたおかげで、いじられキャラ的な立ち位置を確立できた気がします。

そんな流れで松本さんとは多少お話しする機会はあったけれど、この頃、浜田さんとはほとんどなかった。何がきっかけなんやろう？　でも毎週水曜日にご一緒させてもらっていると、呼び方も徐々に「遠藤」から「章造」に変わっていった。そのうち、ゴルフという共通の趣味もあり、定期的に食事をするなどプライベートでもお世話になることが増えていきました。


レギュラーになったのは、いつの間にか、でした。「この日から君らはレギュラーね」と言われたわけではない。企画会議の中で「その企画やったらココリコも入れとこか」が少しずつ増えてきて……気づいたらオープニングに毎週出させていただいていた。

同時に、周囲からの扱いも極端に変化が。

あの頃の『ガキ』の視聴率は20〜25％が当たり前、特に業界視聴率は高く、とにかく影響力がすごかった。それこそ松本さんに「おもろいなぁ」と言われたら、次の週からどこへ行っても、他の局でも、今まで相手にしてくれなかったスタッフさんが相手にしてくれるように。

逆もしかりで、「なんやお前、全然おもんないな」と言われたら最後。だから、そこだけは気をつけていた。「影響力あるんですから、おもんないって言っちゃダメですって！」と冗談ぽく松本さんにクレームを入れたりして、しのいだものです。

『ガキ』のオープニングに毎週出るようになっても、しばらくは前説も並行してやっていました。その間にテレビ朝日で初めての冠番組『ココリコ黄金伝説』が１９９８年に始まり、『ココリコA級伝説』と名前を変えてネオバラエティ枠に移り、さらに２０００年から『いきなり！黄金伝説。』としてゴールデンタイムに進出。それでも前説は続けていた。

水曜日は『ガキ』の前説、木曜日はゴールデン番組の司会。この振り幅が心地よかったんですよねぇ。最高だった。気持ち的には、あの時代が一番充実していたかもしれない。

途中、スタッフさんから「若い子も入れたいんで」と言われてライセンスが前説をやるようになったんですが、振り幅の心地よさを手放したくなくて、「じゃあ、前々説がライセンスで、前説はココリコがやらせてもらってもいいですか？」と直談判。何度か前説期間を延ばしてもらいました。

『ガキ』はスタッフさんも個性的ですが、松本さんの考えていることをちゃんと形にしていくところを目の当たりにして、よりいっそうすごい方たちだとわかりました。演者としても優れていますし（笑）。

ゲストの方たちからよく言われるのが、「ダウンタウンさんに緊張するのはもちろんだけど、スタッフさんへの緊張感も特別だ」と。清水ミチコさんがおっしゃっていたんですけど、「例えるなら、『ガキ』のスタッフさんたちは全員革ジャンを着ているような感じ」って（笑）。すごく伝わりやすい例えだと思いました。いい意味で尖っていて、古き良きテレビマンたちがバチバチいわせながら楽しんで作っているから30年も同じ座組で続いているんでしょうね。

僕から見たダウンタウンさん

ダウンタウンさんという青春時代にお笑いへと目覚めるきっかけとなったコンビと仕事をさせていただくようになり、いちファンの心持ちから変わらなあかんねやろなと思いなから20数年。実際、あの頃とまったく変わっていないかもしれない。

『ガキ』の収録日である水曜日の前日、火曜日の夜はいまだに緊張が襲ってきます。

また、どれだけおふたりと距離が縮まっても、お会いすると「ダウンタウンや!」と、学生時代のときのように胸が高鳴る。昔も今も僕にとっては憧れの存在であることに違いありません。

だから、最近よく「ダウンタウンさんは円くなった」と耳にしますが、僕はそうは思わない。円くなっている雰囲気はあるけれど、本質はまったく円くなっていない。おふたり自身は基本的に変わっていないと思うんです。勝手に周りがああだこうだと推測しているだけ。

おそらく世代とかおふたりとの距離感によって、感じ方が違うんじゃないかなぁ。

例えば、おふたりと『ダウンタウンのごっつええ感じ』のメンバーの距離感が一番小さな輪として、それよりひと回り大きい輪の距離感に僕らがいる。次に大きな輪に今の40代中盤くらいの芸人たち、そして30代、さらに大きくなって20代の若手芸人たちも含まれて……となったとき、中心にいるダウンタウンさんとの距離もそれぞれ。その中で、僕の距離感でいうと、円くなったとは思っていないということです。

四半世紀もの長い間、そばでおふたりのすごさを目の当たりにしているからでしょうね。

本来なら僕ごときが偉そうに言える立場ではないですが、ダウンタウンさんのすごさについて少し語らせてください。

0から1を作る松本さんの企画力のすさまじさといったら……。最たる例が「笑ってはいけない」シリーズです。人を笑わせる仕事なのに「絶対に笑ってはいけない」「笑わないほうが逆におもしろくなる」というテレビ的には誰も思いつかなかった発想が出てくること。それをマス向けのコンテンツにまで落とし込めるパワー。そして、いざ番組として形にしようとなったときに、多くの優秀なスタッフやキャストが集まってくる人望。さらに、そのコンテンツが流行して世の中を巻き込んだムーブメントを起こすという。

どんなに才能のある人でも、普通は何かが欠けるはずなのに、松本さんに至っては死角なし。まさに完璧人間、いやお笑いの神様です。

僕なんて、自分のYouTubeチャンネルで何もない状態からコンテンツを作ろうとしても、途中で面倒くさくなったり、人の協力が得られなかったり、やったはいいものの当たらなかったり……。そんなことしょっちゅうありますからね。

しかも、ご自身でコンテンツを生み出していくのは今でも変わらず。水曜日の『ガキ』の収録終わりには、松本さんを中心とした企画会議がほぼ行われている。そのスタイルを1989年に番組が始まって以降、30年以上ずっと継続されていることには、もう尊敬の念しかありません。

浜田さんの、目の前の道を切り開いていくパワーもすさまじい。東京に進出したばかりの若手のときから先輩芸人に限らず、人気俳優や大御所タレントにも臆せず「なんやこらぁ！」と突っ込んできた。そのブレない姿勢だけでも感服ですが、強いツッコミを上回る、抜群のフォロー力を備えていらっしゃるんです。

破天荒キャラ一辺倒なら、ほかの人もやろうと思えばできるかもしれない。でも浜田さんはその2倍、3倍のフォローをされている。世間的には剛腕のイメージが強いけれど、あえてそういうふうに見せているだけ。その裏では誰よりも周りに気を使い、ものすごく繊細に仕事をされている、と書くと営業妨害でしょうか（笑）。

僕が『明日があるさ』のドラマや映画に出演させてもらった30代前半の頃。浜田さんと距離が近くなり、撮影終わりに食事へ連れて行ってもらったりするようになりました。でもその頃の僕はまだ未熟で、浜田さんの一面しか見えていなかったんです。

尖っているように見えた浜田さんがかっこよくて、またちょうどココリコも仕事が回転し始めて忙しくなってきたこともあり、僕もツッコミとして浜田さんのようなスタイルでやっていこうと決めた。アホすぎます。もちろん、それはお門違いだった。仕切りたるもの、スタッフに厳しく接するべき。そんな面ばかりをマネしていたけれど、実際には厳しさの裏に見えない優しさがあることに気づけていなかった。25年以上のお付き合いを通じて理解できるようになったことのひとつです。そして、あの時期、もっとちゃんと周りの人たちをケアしておけば良かったと後々反省できたことが、今の自分に確実につながっています。

かつて松本さんが食事をしているときにおっしゃったんです。「この世界で売れて残るのは、めちゃくちゃ繊細か、超図太いかのどちらかだ」と。松本さんが繊細で、浜田さんが図太いキャラクターに思われがちですが、実はおふたりとも両方を兼ね備えていらっしゃる。ダウンタウンさんは売れる要素しかなかったということですよね。

先ほどの距離感の話でいうと、こんなふうに僕らはまだ、ダウンタウンさんの本質的なすごさがよくわかる近さにいる。きっともう1個近い輪の中にいる先輩方は、おふたりのすごさをもっと実感されていらっしゃるんでしょうね。

おふたりを見ていて何より驚きなのが、とっくに頂点を極めているにもかかわらず、まだまだ笑いに貪欲なところ。しかも、お互いを意識している気もします。他事務所の誰々さん、とかではなく、松本さんは浜田さん、浜田さんは松本さんをものすごく見ていらっしゃるなと、僕は勝手に思っています。

2023年には還暦を迎え、余生は余りあるお金で好きなことができる。僕がおふたりの立場だったら、悠々自適に過ごしているかもしれません。

でもダウンタウンさんは自分だけの人生だと思っていない。自分がやめることによって、携わっているたくさんの人たちの家族がメシを食えなくなるかもしれないということまで多分考えていらっしゃる。

きっとこの先も、天井知らずで売れていきはるんやろうなぁ。

ありのままで「ホホホイ」誕生！

30代前半のときに浜田さんになろうとしたと書きましたが、アホながらもちゃんとわかってくるんです。俺はこんなキャラじゃない、と。

結局、学生時代から続く「生まれもっての4番バッターや生粋のエースがいるチームの、まぁまぁいいポジションにいるやつ」に行き着くわけです。

冠番組を持ち、仕事が回りだした頃は、「俺らもダウンタウンさんのようになれたらいいなあ……」と淡い希望を抱いたこともあります。ダウンタウンさんとのお仕事を重ねれば重ねるほど、「ちゃうちゃう、同じ道を歩こうとしたらあかん」と気づく。

今後ダウンタウンさんを目指していったら、100か0かの二択しかなくなる。100まで行ったら当然カリスマになれるし、100を目指して散って0になる人も語り継がれるし、それはそれでカリスマなんです。でも僕はひよった。多分0になるし、そうなったらたまらん、と。

「本来の俺はそうじゃないやろ。別に自分が主役にならんでええ。主役の横に、いい距離感でおるやつが俺や」

そう本来の自分を思い出すんです。だったら、100か0かではなく、40、50。たまに60、悪くても37くらい。調子が良かったら72まで出るよ。そういう生き方を選びました。

最もカリスマにならない生き方。ありのまま、アホのままでいることを決めたわけです。それで惨めな気持ちにはまったくならない。一番しっくりきています。


昔、島田紳助さんに言われた例えがあります。

「先発ピッチャーで毎年20勝するピッチャーがいたらすごいけど、そんなんできへん。その上、18勝やったら『今年は良くなかったですね』と言われる。だったら常に8勝くらいが選手として一番長生きできる。たまに調子を上げて12勝したら年俸は上がるし、6勝で終わっても普段と比べてもそこまで悪いわけじゃないから球団も契約してくれるやろ」

若いときは「そんなもんかなぁ、20勝したほうがかっこええよなぁ」と思っていたけれど、今となっては紳助さんの言葉が腑に落ちまくっています。

もっと言えば、先発でなくてもいい。中継ぎの左のワンポイントリリーフでもOK。球団に残れるのであれば。僕の場合は、世間のみなさんに「この番組・CMに遠藤が出てもいいんじゃない?」と思ってもらえれば、それでいいんです。

40、50のラインに乗ったら乗ったで、その中でやらなければいけない仕事は当然あります。そのラインで全力を出した結果、モノマネやクセがありすぎる歌などが生まれた。その筆頭が「ホホホイ」です。

原型が誕生したのは、1998年の『ガキ』。

誕生秘話というほどではないですが、当時はダウンタウンさんのむちゃ振りで、ココリコVSリットン調査団さんでいろんな対決がありました。そして、ある日突然「遠藤~、変なハイテンションや。ハイテンションで何かやれ~」と松本さんに言われたんです。

急に振られたので、当然何も準備をしていない。でも何かしなくちゃ、という焦りの中で不意に下りてきたのが、ホホホイ。いきなり奇声を上げて顔をパチパチ叩きながら踊ったのが最初です。すると松本さんにも「遠藤、おもろい」と褒めていただけた。『ガキ』がすごいのは、おもろいとわかるとすぐにコンテンツ化していくので、1~2カ月後には「ハイテンション・ザ・ベストテン」という僕メインの企画が放送されたんです。

『ザ・ベストテン』をモチーフにしたカウントダウン形式で芸人たちが順番にハイテンション芸を披露していき、第1位で僕がホホホイをやる。ホホホイという名前が付いたのもこのときです。

それからほぼ四半世紀。ＣＭで使っていただけたり、キャップのモチーフになって神宮前のおしゃれな帽子屋さんで販売されたり。今も、僕世代のお父さん・お母さんが「子どもにやらせました」とＤＭで動画を送ってくれたりします。

練りに練って生まれたネタではなく、追い詰められて突然生まれたものが、ずいぶん長く愛されてきました。ありがたい！

子どもから大人まで知っていただけているので、こうなったらホホホイを平和を表す世界共通語にしたいという壮大な夢さえあります。アホすぎますか？

写真を撮るときに、ピースの代わりにホホホイをする習慣が世界中に広がってくれたらいいなぁ。

ありがとう「笑ってはいけない」シリーズ

遠藤章造という芸人を老若男女に幅広く知っていただけているのは、やはり「笑ってはいけない」シリーズのおかげです。

当初は『ガキ』の枠で4週に分けて放送する単発企画だったのが、あれよあれよと特番になり、2006年からは毎年大みそかに放送されるほどの一大コンテンツになった。もう大みそかだけで15回やっているんですよね。

仕事で地方に行ったときに、それこそいろんな世代の人から「遠藤アウト～」と言ってもらえるのは大みそかに放送していたからこそでしょう。

アホのままの生き方を選んだ時点で、「紅白歌合戦の裏で、大晦日のゴールデン番組をやれるようなタレントになるんだ！」という野望とは無縁のポジションにいたぶん、毎年当たり前のように大みそかの番組に出させていただけていたのは、これまた縁とタイミング。光栄というほかありません。

とはいえ、笑うたびに罰を受けるのは、年を重ねていくとなかなか大変で。収録中、本当に何も起こらない時間帯が20～30分はあるんですが、近年は我々も意外となんもしていない。昔は5人でお互いに仕掛けてワチャワチャする場面もあった。それが、全員ボーッとするようになった（笑）。

一番年下の僕らでさえ50代ですもん。長時間にわたる収録と罰ゲームで心身共に疲弊しているんですよね。話しかけられても「えっ？　あ、なんですか？」みたいな、心ここにあらずの状態になることも多々。でもそれがおもろいんですが。

「笑ってはいけない」シリーズに限らず、『ガキ』は体を張る企画も多い。この年齢になってまで体を張るのはつらいけれど、ダウンタウンさんですら本気で体を張っていますからね。その姿を間近で見ていると、僕らが手を抜くわけにはいかない。おふたりの何倍もがんばらなあかんと身が引き締まります。

だから「笑ってはいけない」シリーズが２０２１年に放送されないと知ったときは、安堵と寂しさが交じり合った複雑な感情を抱いたものです。

大みそか当日もルーティンが変わって不思議な気分だった。いつもは18時前に子どもたちをお風呂に入れた後、テレビは『ガキ』をつけて、ときどき紅白に変えたりしつつ、年越しそばを食べるのが習慣。それが「今年はどうしよう……」と心にぽっかり穴があいた感覚に。シリーズのファンの方々と同じで、しっかり僕も「笑ってはいけない」ロスに陥りました。

でも完全に終わったとは思っていなくて、あくまで休戦中という感覚。「いつかどっかであるんちゃうかなあ」という気持ちで、いつでも動ける状態にはしています。

初の冠番組『黄金伝説』は本当に過酷だった

まだアホのままの生き方を見いだせていなかった27歳。1998年に初の冠番組『コリコ黄金伝説』が始まったときには、「芸人の出世コースに乗った?」とおぼろげながらに思いました。

僕たち世代の出世コースといえば、まず舞台に出る→単独ライブをする。つまり、自分たちの名前で集客できるようになる。それと並行して、深夜のコント番組に呼んでもらえる→人気番組の1コーナーにネタではなく野面の自分たちで呼ばれる→番組レギュラーになってメインの脇を固める。

ココリコはずっとこの順番通りに進んでいたんです。なかでも『笑っていいとも！』（以下、いいとも！）は登竜門で、その準レギュラーになったのは大きな転機に。さらにレギュラーへと昇格し、『ガキ』のレギュラーにもなった。

そしてついには自分たちの名前が付いた番組が深夜に始まるとなれば、「売れるラインに乗った」と考えてしまうのも仕方ないですよね。まぁ、最終的に安定の40、50ラインに落ち着くわけですが……（笑）。

『ココリコ黄金伝説』から『ココリコA級伝説』『いきなり！黄金伝説。』と名前は2度変わりましたが、番組が18年も続いたのは感慨深い。今思えば、出演者にとっては非常に過酷な番組でしたからね。現在のコンプライアンスじゃ絶対に無理だろうな……という企画ばかりです。

出演経験のある方がインタビューなどで「今までで、一番過酷だった番組はなんですか？」という質問をされたときに、大多数が『黄金伝説』と回答するくらい。くりぃむしちゅーさんも何かの番組で「『黄金伝説』のクリームシチューを500杯食べる企画が今までで一番つらかった」とおっしゃっていました。たまたまそれを見て、「うわー、申し訳ないなぁ」と思いましたもん。

それぞれにつらい思い出が刻まれている『黄金伝説』。最終回のコメントで、各芸能事務所、タレントの方々に向けて「本当に申し訳ございませんでした！」と頭を下げたのは本心ですからね。

ただ、ゴールデン進出後はスタジオでVTRを見る側でしたが、深夜時代は自分たちがだいぶ体を張りました。放送当初は主に田中さんが伝説に挑戦していましたが、僕もいわゆる〝発言の切り取り〟によって、1週間ガリだけを食べ続ける伝説にチャレンジするハメに。その前に田中さんが1週間だけうなぎパイを食べ続ける伝説を達成し、ご褒美にみんなで寿司を食べに行ったんです。そのときもカメラは回っていた。

「このお寿司に、このガリうまいなぁ」

正確には、僕はそう言った。あくまで、出されたネタとガリの組み合わせがおいしいという意味。それなのに、次の週に田中さんに「遠藤さん、こんなこと言ってましたよね」

とＶＴＲを見せられた。

「ガリうまいなぁ」「ガリうまいなぁ」「ガリうまいなぁ」……。

一部だけを切り取られたコメントが続き、ダーンという効果音とともに「遠藤章造、ガリだけで1週間過ごす」と書かれたタスキを渡されるんです。

当時はセキュリティ意識もめちゃくちゃで、僕がリアルに住んでいるマンションの部屋が舞台。7〜8人いたＡＤさんが全員、合鍵を持っていた。僕に許可なく。おそらくうちのマネージャー経由で複製した鍵が配られ、僕がいない間に勝手に部屋に入って小型カメラをセッティングしていたんです。プライバシーゼロ。『黄金伝説』ではずっとそんな状況が続いていました。

過酷さでいえば、ガリ以上につらかったのが「ファミリーレストランのメニューをすべて食べ尽くす」伝説。さまざまな『黄金伝説』の中でもいまだに結構言われるくらいだから、視聴者にはよっぽどインパクトがあったんでしょう。実際、僕にとっても地獄でした。

これも、発言の切り取りなんです。雑誌のインタビューで「Ａ級芸人とは?」という質問をされて「レストランのメニューを全品注文できる」と答えたことから始まった。

というのも、松方弘樹さんがファミレスを貸し切ってスタッフ全員を連れて行き、「メニューを全部持ってきて」と言った話を聞いて、かっこいいと思っていたんです。それで、このエピソードを披露しつつ、「僕もそういうことをしてみたいですね」と話したら、そこだけを切り取られ、いつの間にか「ファミレスのメニューを全品食べたい」にすり替えられた。昨今のSNS顔負けの切り取り術！

ちなみに、伝説にチャレンジする際は前もって「木曜日からこの企画が始まるんでお願いします」ではない。心の準備は一切なく、いきなりスタート。

その日、ちょうど僕は当時の彼女と夜の便で2泊3日の旅行に行く予定でした。すでに航空チケットは取ってあるし、宿も押さえている。そんな中、16時くらいに企画が発表された。

「挑戦はいつからですか？」

「今からです」

「今から!? えっ、これから飛行機に乗って沖縄行くんやけど」

「いや、今からです」

容赦なし。そのままスウェットに着替えさせられて、舞台となるファミレスに連行。嘘でしょ〜。

当時の彼女は僕の仕事を理解してくれていたので当日のドタキャンを許してくれたけれど、にしても……ですよね？　それでもどこかで「よっしゃ、やったろうか！」と燃えたぎる気持ちが湧いてくるのは芸人だからでしょうか。

なぜこの伝説が地獄だったかというと、メニューの順番通りというのがミソで。

例えば、サラダを食べて、次はパスタにいって、少し休憩を入れてお肉を食べて、一回デザートを挟んだらまたサラダに戻る……など、そのときの気分や好みでメニューを選べれば、まだいい。

でも、あくまでメニューの1ページ目から順に頼まなければいけない。基本的に同じジャンルのメニューがまとまっているので、サラダのページにいけば延々とサラダ。同じメニューのサイズ違いもあったりする。ようやくパスタのページにいっても、セットでさっき食べたサラダがまたついてくることも。飲み物のページも、ビールの小・中・大、ピッチャーまで全部順番通り。

当時は仕事も忙しかったから、ファミレスに泊まり込みながら、24時半になったらラジオ局に移動して1時～3時に生放送。その間もラジオブースで持参したメニューを食べ続ける。再びファミレスに戻って続きを食べ、そのまま『いいとも！』やほかの番組のロケに行く、というスケジュール。

最終的に1週間強くらいで達成しましたが、精神的にも肉体的にも追い詰められました。体重も10数キロ増。一方でガリだけのときは痩せたし、『黄金伝説』をやっているときは体重の増減がハンパなかったです。

しかも、もう二度とファミレスに行きたくないと思うほどだったのに、ゴールデン進出した一発目がファミレスの企画。よほど反響があったんでしょうが……。

プロデューサーが直々にやって来ました。

「ゴールデンになります。初回はちょっとインパクトをつけたいから、申し訳ないけど、ファミレスをもう一回やってくれる？」

「勘弁してくださいよ～。現場でどんだけ揉めたか覚えてるでしょ。僕が暴れ倒したの、みんな見てますよね？」

「いや、そうなんだけど……」

説得は続き、結局は「わかりました」と了承しました。

おかげで初回の視聴率は良く、その後、たくさんのタレントさんに協力していただける長寿番組にまで成長したことを考えると、ファミレス企画をやって良かったかなぁと思いますね。

ホスト冥利に尽きた『ココリコミラクルタイプ』

冠番組を経験できたことで、芸に対しての向き合い方も変わった気がします。当初は「自分らの名前が付いた番組やねんから、どんどん目立っていいでしょう」だった。でも途中ぐらいから、そうじゃないと我に返る。

自分たちの名前が付いているからこそ、ゲストに活躍してもらえる場所、僕らがロイター板（踏み切り板）にならなあかんと気づかされた。

きっかけは、前にも書いたダウンタウンの浜田さんです。プライベートをご一緒させてもらっている中で、仕事の相談によく乗っていただいた。いろんな話を伺っていて、特に「さすがやな」と感心したのが、番組の最後に、出演者やスポンサー、番組スタッフなどの名前が流れるエンドロールに対する考え方。

エンドロールは番組が終わる合図なので、ほとんどの視聴者がチャンネルを変える。そのため、ギリギリまで視聴者を惹きつけたいからと、目で追い切れないほどの速さで流れることが多々あったんです。

でも浜田さんの番組ではそれを絶対にやらない。エンドロールで視聴者が離れることよりも、番組に関わるスタッフ全員の名前をしっかり読めるようにほかの番組よりもゆっくり流すんです。理由を聞いたら、「スタッフにも家族がおる。例えば子どもが見ていて、『パパの名前出てきたよ！』と喜ぶ。田舎のおじいちゃん・おばあちゃんが孫の名前を見つけることが生きがいになる。これがいかに大事なことか」と。

それを聞いて、「そこまで考えてはんねや！」と鳥肌が立った。

だから僕も自分の番組ではエンドロールをできる限りゆっくり流してもらうようにディレクターさんやプロデューサーさんにお願いしています。いいことはどんどん吸収するのが僕の持ち味なんで。吸収力も40、50ですが（笑）。

浜田さんの助言により、ゲストへの対応も変化しました。番組に来てくださった方々に「とにかく楽しかった」「面白かった」と言ってもらえることを心がけました。

特に視聴者の投稿や芸能人の体験談をコントで再現する『ココリコミラクルタイプ』は、バラエティ番組ながら芸人は僕たちと品川庄司しかおらず、ほかは全員、俳優さん。演技力はピカイチですが、トークはあまり得意ではないことが多い。

だからこそ、ホストとしていかにトークコーナーで楽しんでもらえるか、また出たいと思ってもらえるかに注力しました。スタッフさんにも「俳優さんがゲストで来たときはちょっと大きめのリアクションをお願いします」と伝えた。

最初はトークに慣れていなくて萎縮していても、大きな拍手や笑いがあると、「こんなにみんなに楽しんでもらえるんだ」と自信になる。どんどんくだけていって、最終的にはめちゃくちゃ冗舌になって帰っていく。

おかげで、「普段はバラエティに出ないんだけどココリコさんの番組ならいいよ」と言ってもらえることも増えた。当たりの強くない僕らのキャラもプラスに作用した気がします。

ホスト冥利に尽きる番組でした。

タモリさんと合コンに!

『いいとも!』の準レギュラーになったことが大きな転機になったと書きましたが、『いいとも!』に関しては、僕は〝言霊〟だと信じています。

田中さんがネタ作りをしている隣で架空のテレビ欄を書いていたとき、平日のお昼だけは『笑っていいとも!』と実在する番組名にしていたんです。バイト中によくいとことミニコントをしていて、「今日はこれから何か予定ある?」「俺は今から『いいとも!』やわ」とか。なぜか『いいとも!』と言い続けていた。

だから実際に『いいとも!』の準レギュラーとしてワンコーナーに出るようになり、レギュラーへと昇格したときは純粋にうれしかったなぁ。

まさに僕ら世代にとってはお笑いの登竜門で、ひとつの親孝行にもなった。『いいとも!』

には、（明石家）さんまさん、関根勤さん、（笑福亭）鶴瓶さん、ダウンタウンさんにウッチャンナンチャンさん、ＳＭＡＰさん……スター中のスターがお昼に勢ぞろいしていましたから。その一員になれたとき、芸人として認められた気がしました。

親父にも言われました。僕が『いいとも！』に出始めたくらいから、大阪でも「あれって息子さんちゃうん？」と聞かれるようになったと。それで「あれ、こいつ、ひょっとしたらひょっとするかも」「もしかしたらうちの家のローンを全部返してくれるかもな」と思ったらしいです。はい、僕が全部返しました。

それこそ、冠番組ではロイター板の役目を果たすべきというのは、タモリさんからも教わった。まさにそれを地で行く方です。

「『いいとも！』は俺じゃないんだよ。君たちが楽しんでくれたらそれでいい。今日、君たちは楽しかった？」

そういう意識、考え方。お客さんの前に出ていけば誰よりもおもしろいことを言えるし、「森田和義アワー」と付いているんだから自分が好きなようにやればいいのに、自分がしゃべろうとしていても、若手がしゃべろうとした途端、すっと引く。すぐに「ん？　何なに？」

と聞く姿勢にスイッチする。なかなかできることじゃない。そんなタモリさんだったから、『いいとも!』は30年以上も続いたんだと思います。

タモリさんにも随分かわいがってもらいました。

仲良くなるきっかけは、ゴルフ。ゴルフを始めたばかりで下手くそだった僕は、『いいとも!』が終わってから、いつものアホなコミュ力を生かして「タモリさん、ゴルフを教えてもらってもいいですか?」と無邪気にお願いしてみた。

「これから行くか」とタモリさんの車に乗せてもらい、新宿にあるゴルフ練習場へ。うまくなるコツをいろいろと伝授してもらった。そして打ちっぱなしの後は、よくビールを飲ましていただいたものです。

そんなある日、僕が30歳で、タモリさんが50代半ばくらいのとき。いつものように打ちっぱなしを終えた16時くらいに、「今日何か予定ある?」とタモリさん。

「いや、何もないです」

「今日、合コンあるんだよ」

「えっ、マジすか!?」

タモリさんの合コンなんて、めちゃくちゃ興味ある。「行っていいですか?」と聞いたら、

「じゃあ、来いよ」と。

「18時に渋谷の●●に集合な」

「わかりました!」

いったん解散して適当に時間をつぶし、待ち合わせの場所に向かったら、タモリさんもいらっしゃった。どうやら男性メンバーはタモリさんと僕の2人らしい。どんな美人さんが来るんやろと胸を高鳴らせていると……。

「森田く〜ん!」

やって来たのは、タモリさんの同級生のお姉様方3人組でした。想像していた合コンとは違いましたが、すごく楽しかったなぁ。

終わったのが21時くらいで、「もう一軒行く?」と2人で飲み直すことになりました。2人してベロベロに酔っ払いながら渋谷の街を歩いていたら、急にタモリさんが道端の大きなゴミ箱の陰にガサガサッと隠れだした。

「どうしたんですか、タモリさん!」

「スナイパーがさっきから俺を狙ってるんだ。お前も気をつけろよ!」

「わかりました！」

そうして2人でゴミ箱の陰に隠れつつ次の店に向かった。タモリさんとプライベートでおふざけできた、貴重な経験でした。


タモリさんのご自宅に遊びに行って、当時の在宅最長時間を記録したこともあります。湯河原で『いいとも！』のゴルフコンペが行われた日のことです。帰り際にタモリさんに呼び止められ、「うちでなんか飲む？」と誘っていただいた。僕は「タモリ邸に行ける！」とテンション爆上がり。朝からコンペで眠いけど、さすがにタモリさんの車で寝るわけにはいかない。よし、いろんな話をしよう！

そう決心し、運転手付きの高級国産車の後部座席、タモリさんの隣に座った。でもあまりに座り心地がよすぎて、出発して5分後には寝てしまった……。何やってんねん、アホすぎる！

「遠藤、もう着いたよ」とタモリさんに肩をトントンと叩かれてハッと目覚めたら、もう家の前に着いていました。

「もうお前、いっぱい寝たから大丈夫だろう」

「もちろんです!」

さあ、いよいよタモリ邸に足を踏み入れるときが来た。

忘れもしない、「映画館やん!」な部屋。どでかいスクリーンが設置され、立派な椅子が置いてある。天井まである棚には、洋画から邦画、お笑い、音楽……と多ジャンルのビデオテープがびっしりと並んでいました。噂には聞いていたけれど、実物を目にして感動しました。

そして、リビングでタモリさんとサシ飲み。奥様が作ってくださった料理をつまみながら、超いいお酒をグビグビと飲ませていただいた。さらに「タモリさんちを見学していいですか?」とずうずうしいお願いまでしてしまった。でもタモリさんは快く案内してくださいました。

洋室と和室、見る部屋によって印象がまったく変わる庭をはじめ、2人で四つん這いにならないと見られないような箇所など、隅々まで見学させてもらった。

そうこうしていたら、すでに6時間が経過。当時、黒柳徹子さんとサシで飲んで5時間が最長だったらしく、僕が最長記録を更新したみたいです。

誰かと比べないから挫折はない

仕事で挫折したことはありません。

そう言うと、順風満帆な芸人人生を送っていると誤解されそうですが、単に挫折を挫折だと思わない性格だからです。

たぶん、根底にあるアホのままの生き方が功を奏している。冠番組の視聴率が好調なときでさえ100ではなく、72くらいのイメージ。かといって16でも僕にとっては挫折ではない。だって、0ではないじゃないですか。

テレビ番組のレギュラーが0になったから0なわけでもない。舞台やYouTubeなどに活路を見いだせばいい。動こうという意思があれば、いくらでも仕事は生み出せる。そう思っているので、ズドンと落ち込むこともありません。

だからかなぁ、冠番組が終わっても、そこまで悔しさや悲しみを感じないんです。「自分の都合だけで物事が動くわけではないしなぁ」という客観的な視点がベースにあるから。

『黄金伝説』の最終回のときもそう。収録後にホテルで打ち上げをしたんですが、僕はケロッとしていた。締めの言葉で「『黄金伝説』の収録は6時間番組で12時間もかかっていたのに、この打ち上げは2時間ぴったり、時間厳守で終わるんですね」とジョークを言ったくらい。

『ミラクルタイプ』でも「ありがとうございました～。良い思い出になりました。またどっかで会えると思うんで。まぁ会えなかったら会えないで仕方ないですよね。これもご縁なんで、またがんばりま～す」みたいにサラッと終わった。

号泣していた品川に「えっ、なんでそんな感じで終わるんですか！」とびっくりされましたもん。

でも、過去を振り返ってもどうにもならないですからね。過去にしがみついてプラスになればいいけど、そうはならないでしょ。それまでの縁が切れたあとは、また別の縁がつながっていくわけだから、今残っている縁でやっていくしかない。

と言いつつ、今この本では振り返ってますけどね（笑）。

もちろん、奥さんもいるし子どももいるから絶対に仕事はしなきゃいけないんですよ。

でも僕の場合はそれを考えすぎると焦るし、つい誰かと比較してしまい、マイナスになる気がする。

それこそ若いときは結構比較していたかもしれません。極楽とんぼの加藤さんに飲みの席で言われましたもん。

「お前、比較したって意味ねぇんだぞ。俺は俺、お前はお前で、周りは関係ねぇんだよ。誰が今レギュラーを何本持っているのかなんて、どうでもいいんだよ。お前はお前なんだから」

妙に納得したのが記憶に残っています。とはいえ、すぐに切り替えるのは無理なので、時間をかけて少しずつ、また本物のスターたちとの関わりも通じて、「誰かと自分を比較しても意味ないな」と思えるようになった。

例えば今なら、「相方が仕事をしているこの時間、俺はオフだけど、子どもとキャッチボールができている。ありあり」と前向きに捉えられる。

ホンマ、ありのまま、アホのままの生き方を見いだせてよかったなぁ。

第4章　スターから学んだこと

木梨憲武さんは生粋のエンターテイナー

コロナ禍で世の中が大きく変わったここ数年。公私共に、とんねるずの木梨憲武さんの存在なしに何も語れません。

もともと30代前半の頃からたまに食事をご一緒させていただく仲ではありました。最初は『とんねるずのみなさんのおかげでした』に出演したこと、その後、憲武さんが単独でやっていらした深夜番組『木梨ガイド・週末の達人』に呼んでいただいたのがきっかけです。

前にも書いたように、僕は大好きな人には、おなかを見せて「大好きです！」とストレートにアピールするタイプ。中学生のとき、答案用紙の名前の欄に、その名を書いてしまうほど憧れてやまなかった憲武さんにも〝誘ってくださいオーラ〟を出しまくっていたんでしょうね。憲武さんも基本的に来る者拒まずの方ではありますが、「ごはん、行く？」と誘われれば、当然僕は「はい！」と二つ返事でついて行きます。ゴルフや競馬という共通の趣味もあったので、話題には事欠きませんでした。

そうして20年近くになるお付き合いはつかず離れずの距離感。それが、最近ぐんと距離が縮まったんです。

発端は、YouTube。『ガキ』の忘年会でダウンタウン浜田さん提供の自転車が当たったんです。それを憲武さんの実家の『木梨サイクル』で改造したら最強の自転車になるんじゃないか？　と、軽い気持ちで自分のYou Tubeの企画にしようと考えた。

それで憲武さんに連絡し、「実はこういう経緯があって、YouTubeの撮影をさせてもらってもいいですか？」と聞いたところ、「全然いいよ」と快諾してくださった。

そうして木梨サイクルへと足を運んだら、なんとご本人登場！　思わぬ神回に。

以来、ここ20年の中でも濃いめの、憲武さんを中心とした、いわゆる〝陣営〟と呼ばれているものの一員のような顔でご一緒させていただいています。

最初のYouTube企画の後、今度は憲武さんの配信番組に呼んでいただき、なぜか流れで木梨サイクルで自転車を3台買うことになったんです。そしてある晴れた日の午前、再びYouTube用のカメラを携えて伺ったところ、自転車を買うだけでは終わらないとんでもない展開に。

「今、（狩野）英孝ちゃんと（クセありコラボ）やってるよね。ちょっと電話してみてよ」

と憲武さん。さらに憲武さんの幼稚園からの幼なじみのバンドマスター・矢吹（俊郎）さんのスタジオへ向かう途中に所（ジョージ）さんに電話して、我々の世代の男子にとっては、ディズニーランドよりも楽しいといわれている、あの世田谷ベースに寄り道まで！

そしてスタジオでは狩野がメロディを作り、アレンジャーの大平（勉）さんも加わって、それから歌詞をのっけていき、あれよあれよという間に1曲できてしまった。正味、数時間。今日という気持ちいい日を表現しようという、その場のノリで。

そしてネプチューンのホリケン（堀内健）さんも仲間入りしてのレコーディング、ミュージックビデオも完成し、なんとその後ＦＮＳ歌謡祭にまで出演しました。脳みそが追いつかないほどの驚きの展開です。

憲武さんの何がすごいって、歌詞の中にも「仕掛け早めに動いていこう」とあるように、とにかく仕掛けるのが速すぎる。思ったら即行動して、それを楽しめる大人たちがちゃんとついてきて、高いクオリティで形になり、世の中に発表できる。

これはダウンタウンさんにも共通していて、発想といい、スピード感といい、まさにスーパースターしか持ち合わせていない才能なんだと思います。周囲に対する普段のケアも含めた人間性が核としてあるから、ポンとアイデアを口にしたら、「おもろい」「やりたい」とすぐにぶわ〜っと人が集まってくる。これは僕らのような並の芸人にはなかなか厳しいこと。

所さんもめちゃくちゃ動きが速い。朝6時くらいに電話で「このテーマで曲を作って」と頼まれて、朝7時半には「できてるよ〜」ですから。素敵ですよね。

憲武さんが描かれた「感謝」という絵が大好きで、家に飾ってあるんですが、憲武さんはまさにそのタイトルを体現されている方。『〜みなさんのおかげです。』の番組名にも表れている通り、「みなさんのおかげで、私は生きています」という考えを持っていらっしゃる。ほんまに謙虚で腰が低く、「人を楽しませよう」「人に嫌なことをしないでおこう」とものすごく気配りをされるんです。

僕がこれまで何度か繰り返している〝縁とタイミング〟という言葉も、憲武さんが大事にされているもの。もともと自分の中でも漠然と思ってはいたのですが、憲武さんとぐっと距離が近づいたことで、それをいっそう実感できました。

おかげで日々を楽しめるようにもなった。

というのも、憲武さん陣営はみな楽しそうなんです。ハッピーしかない。それはすべて、縁とタイミングを大切にする憲武さんの気配り力が存分に発揮されているからなんですよね。もちろん、その陣営の一員である僕も憲武さんから電話やメールが来るだけでハッピーになる。今日一日、安泰。むしろ1週間、幸せが続く。

僕の中で憲武さんは特効薬です。

スターからの粋なプレゼント

木梨憲武さんはとにかく粋な人でもあります。僕が欲しいと思っていた車を、憲武さんが所有されていたため、購入させていただくことになったときの話です。

納車時にワクワクしながら憲武さんの元へ伺ったら開口一番「お買い上げありがとうございます〜」と、ディーラーのコントの設定で話しかけてくる憲武さん。僕もそのコントに乗っかりつつ、憲武さんは続けます。

「納車のときって普通プレゼントとかありますよね、少々お待ちくださ〜い」と、持ってきてくださったのはなかなか手に入らないイカしたスーツ一式と、木梨サイクルオリジナルのカバン！　僕のためにわざわざ用意してくださったのだと思うと、うれしい半面恐縮でした。ここでも「人を楽しませよう」が存分に発揮されています。本当に粋な人です。

そういえば、僕の弟も大の憲武さんフリークで、「死ぬまでに一回でいいから会ってみたい」人だと言っていました。それを聞いた憲武さんは、大阪ロケの際に弟と会ってくれたんです。12月の冬ロケで寒い日だったんですが、おもむろに着ていたパーカーを脱ぐ憲武さんを見て「あれ？　室内やし暑いんかな」と思っていたら、「はいこれ！」と弟にプレゼント。かっこええ〜〜！

自分もこんな粋な先輩になりたいと願いながらアホのまま30年がたちました。なかなかなられへんなぁ。

いつもニュートラルなタモリさん

憲武さんとよくご一緒しているからか、最近は見た目も似てきたとよく言われます。実はこれ、僕の昔からの特性なんです。

タモリさんと6時間飲んだときにいただいた言葉も影響しているかもしれません。

「僕はこれからどうしていったらいいですかね」

将来について相談する僕に、タモリさんはこうおっしゃいました。

「自分というものを持っていてもいいけど、そんなのはあまり気にしなくていい。基本的にはニュートラルにしておきなさい。いい意味でなんにでも変われるように」

つまり、この人のところに行けばこれができる、また別の人のところへ行けばこういうこともできる。そういった軟体動物のような柔軟性、どこにでも溶け込める技術を身につけておいたほうがいい、と。

「タモリさんのように、〝タモリ〟という確固たるものがあってもそうなんですか?」

そう聞いたら、特に『いいとも!』のテレフォンショッキングは自分があってはいけないと話されました。

年間300日くらい、さまざまなゲストと20分間、生放送でしゃべる。爪痕を残したい芸人もいれば、トークが苦手な俳優さんもいるし、小難しい話をする学者さんもいる。その全員にタモリさんは一定のテンションで対応しなくてはいけない。

そこに〝タモリ〟があっては難しい。だから、この人にはこんな感じで接する、この人ならひたすら聞き役に徹する……そんなふうに自分のカタチを毎回変えていったのだそう。

もともと大好きな人にすぐ感化されるタイプなので、タモリさんの言葉がずばっと心に突き刺さりました。

そういえば、野球をやっていたときも自然とそうしていたかも。プロ野球で調子のいい選手のモノマネばかりしていた。そうやって練習すると自分も打てるようになっているんですよね。

あっちに行ったりこっちに来たり。常にニュートラルで、自分をコロコロ変えていく。僕はそれでいいんだと開き直っています。

目に焼き付いた、さんまさんの背中

数々の金言をいただいたという点では、明石家さんまさんも尊敬する大先輩です。若手の頃、大阪で今も放送されている『痛快！明石家電視台』にゲストで呼んでいただいたときの話です。お客さんはすでに入っていて、セットの裏で一緒にスタンバイしていたとき、さんまさんは煙草を吸いながら僕らに問いかけられました。

「お前ら、今何年目や」

「7年目です」

「そうかぁ。あんな、売れるのは簡単やねん。売れ続けるのが大変やねんぞ」

そう言って、煙草をポンと消して客席に出て行かれた次の瞬間。

「ワー！」「キャー！」

割れんばかりの歓声が上がった。それを聞く僕たちの目の前にはまだ煙草の煙が残っている……。

「かっこえええええええええええええ」

さんまさんが最前線で活躍されているのを目の当たりにして、グッときました。長らく第一線で活躍されている方というのは、先の先まで見据えていらっしゃるんですよね。週1のバラエティの中で、いつ種をまいて、水をやり、花を咲かせるのか。そんな計画をしっかり組み立てている。

僕はそれまでレギュラー番組の経験が少なかったこともあり、1回の収録でつい笑いを詰め込もうとしすぎていたんです。若さゆえ、ちょっとでも爪痕を残そうと必死で、やれること全部出していた。それをさんまさんに指摘されました。

「遠藤、来週もあんねんぞ。今それをやったら、次はどうすんねん。このキャラクターをちゃんと育てて、最終的に１００にすればええんやぞ」

手を抜くという意味ではなく、場面に応じてベストを尽くすということだと思っています。目からうろこでした。

憧れの浜田さんのジーパン

影響を受けやすい僕はいっとき、浜田さん感がハンパない時期もありました。

普通、芸人で浜田さんみたいになりたいと思ったら、まずは浜田さんのツッコミ技術をビデオなどで研究しますよね？　僕の場合は、タッチが人と違う。『ＷＯＷ ＷＡＲ ＴＯＮＩＧＨＴ～時には起こせよムーヴメント～』のミュージックビデオで着ていらした赤いシャツにチノパンを仕入れることから入りましたもん。銀座７丁目劇場に出ていたときは、完全に〝ハマダー〟。しゃべり方もどうにかして浜田さんに寄せていました。

仲良くさせていただくようになってから直々にジーパンをいただいたこともあります。というか、パクッただけなんですけどね（笑）。

浜田さんの事務所へ行ったときにヴィンテージのジーパンが転がっていて、「めっちゃかっこいい……」と思ってこっそりはいてみたんですよ。ハマダーの僕は、鏡を見て「まんま浜田さんやん！」とテンション急上昇。あまりにぴったりで、脱がずにはきっぱなしでいたら、浜田さんが「章造、ご飯行こうか〜」と戻ってきた。

「あれ？　お前今日、そんなジーパンはいてたっけ」

「いや、さっきそこにあったやつを今、はいてみたんです。そうしたらちょっとベルトが引っかかって脱げなくなっちゃって……」

僕の嘘は浜田さんもお見通しです。

「もうええわ、ほんならはいとけよ」

「ありがとうございまーす！」

いやぁ、スターは懐が深い！　その2日後に『いいとも！』にはいていったところ、それまで同じ曜日レギュラーだったにもかかわらず、それほど深く話したことはなかった草彅（剛）くんが近寄ってきた。

「遠藤くん、そのジーパンどうしたの？」

「浜田さんからもらってん」

鑑定人さながら、いろんな箇所を細かくチェックする草彅くん。どうやら、うん十万円、下手したら百万円いくかもしれないほど貴重なものだとか。はい、それをパクりました

（笑）。とはいえ、こっそりパクッているわけではないですよ。返却を求められたら返せるように大事にしています。俳優の陣内孝則さんからも同じようにして貴重な時計をいただいたことがありますが、僕のあるまじき振る舞いを許してくださる方々には感謝しかありません。スターはやっぱり違いますね！

先輩方のかっこいい立ち振る舞い

ヒロミさんからもかっこいい先輩の振る舞い方を学びました。ゴルフに誘っていただいたときの話です。先輩たちが後輩の分までお支払いしてくれるのは、ありがたいことによくあるのですが、僕などが後輩と行くときは「（支払い時に必要となる）ロッカーの鍵ちょうだい」って預かって支払うんですね。

ところがヒロミさんとご一緒したときは、鍵をくれと言われなかったので、自分で支払おうとカウンターに向かうと「すでにお支払い済みです」。支払いするところすら後輩に見せないかっこよさ！　なるほどこうやるのがかっこいい先輩か、と理解しました。

そういえば、ヒロミさんから言われて印象的だった言葉があります。

水曜日に『ガキ』の収録が終わって、たまたま憲武さんから連絡があったので行ったら、ヒロミさんもいらっしゃったんです。

「今日はなんだったの？」

「『ガキ』です」

「お前すごいよな。さっきまでダウンタウンといて、今はノリちゃんといるんだもんな。すごい一日だよな」

そんなふうにヒロミさんから感心されました。たしかに、ダウンタウンさんととんねるずさんって、周りが勝手に忖度している時代がありましたしね。

でも僕が間近で見ている限りでは、ご本人たちはお互いをマジでリスペクトしている。ダウンタウンさんからとんねるずさんの悪口なんか聞いたこともないし、逆もしかり。中学生だった僕が憧れた、スーパースターというものに抱いていたイメージのままです。

スターといえば、志村けんさんと一緒に夜遊びをさせていただいたのも最高の思い出です。休みの日に突然知らない番号から電話がかかってきました。

「もしもし？　どなたですか？」

「あ、もしもし？　志村ですけど」

……しむら？　どちらのしむら？　と数秒考える僕。

「えーーー！　志村さんですか!!　おはようございます！」

「今からご飯どうかなと思って」

それまでプライベートであまりご一緒する機会がなかった志村さんからの、突然のうれしいお誘いでした。

「ご一緒させていただきます！」

すぐに支度をして、志村さんに指定された麻布十番の小さなお店に向かいました。ドキドキしながら中に入ると、志村さんおひとりであることが判明！　大勢いる飲み会に誘っていただいたのだと思い込んでいたので、まさかのサシ飲みにさらに緊張感が増したのを覚えています。

普段は物静かな志村さんの貴重な話を聞き逃すまいと耳を傾けました。どのお店でもたくさんのお姉さんたちと飲ませていただき、入店して30分くらいすると、すぐにお会計を済ませて次の店へ。その日は結局8軒ほど回らせていただきました。きっと行きつけのお店にお金を落とすため、毎日のように誰かを連れて回っているのでしょうね。それだけ回った最後は六本木のちょっとした屋台で、男2人だけで締めるあたりも、なんだか渋くてかっこよかったですね〜。

軍団山本の愛すべきトップ

プライベートでさんざんお世話になってきた先輩といえば、極楽とんぼの山本圭壱さんははずせません。

〝軍団山本の若頭〟が僕の第一の肩書。時には損している肩書です（笑）。第三章で書いたように、もともとは2人きりで週7遊んでいたところに、ロンブーの（田村）淳をはじめとした後輩たちが入ってきたので、自然と2番手ポジションになった感じです。今さら抜けられないし。そもそも抜けようとも思ってませんが。

なぜ〝山本軍団〟ではなく、〝軍団山本〟なのか。僕も若頭でありながら長らく知らなかったのですが、2〜3年前に明らかになった。山本さんに聞いたんです。

「なんで〝軍団山本〟なんですか？」

すると、「やっぱり僕と似たベースを持っていた！」と感激するような理由だった。

「俺は、みんながいての俺なんです。俺のお前たちじゃないんだよ。お前たちあっての俺だから、〝軍団山本〟なんです」

だから好きで慕ってたんだなと腑に落ちた。この人についてきて良かったなと実感したものです。


ちなみに、加藤（浩次）さんの周りにもオフィス加藤というグループがありました。加藤さんを筆頭に、うちの相方の田中さんやロンブーの（田村）亮がメンバー。でもあまり群れず、基本は単体で動いていて、たまに会ってご飯を食べるくらい。

対照的に、軍団山本はとにかく群れで動いていた。次第に僕や淳、ペナルティのワッキーといった古参メンバーによる二次団体もでき、オリエンタルラジオの（藤森）慎吾ほか末端の構成員も含めると最大200人くらいメンバーがいたほどの一大グループでした。

15年以上前に『アメトーーク！』で軍団山本がフィーチャーされた際は、あまりに組織が巨大ピラミッド化してしまったため、軍団を一回整理してみましょうとなったんです。「遠藤組のメンバー出てきて〜」と言われたら、若手の芸人たちがバーッと登場して僕の後ろにつく。同じように、淳組やワッキー組なども呼び込んでいく。

そして最後に山本さんの後ろについたのは、3人のみ。結果、遠藤組と淳組の2大派閥だったと判明。

「なんでだー！　でもこの2つの組長が俺の下にいるんだから、俺の組なんだよ！」

そう山本さんが怒りながら叫んで終わるというオチに。こういうところが放っておけなくて憎めない、愛すべきトップなんですよねぇ。

僕が人を好きになる条件は「我よりも周りを気にかける人」。気配り力です。それでいったら山本さんはもろに当てはまる。

だから一度芸能界を去っている間も、僕は公私で嫌なことがあれば山本さんに電話をかけた。「遠藤、どうしたー」と、1時間でも2時間でも延々と話を聞いてくれるんです。本当は自分のほうが大変なのに、俺の愚痴にひたすら耳を傾けてくれる、優しい人。

キャラクターと本質は違うし、特に芸人は本質をなかなか見せない。だからこそ、山本さんの本質を伝えることは軍団の若頭である僕の役目でもあるのかなと思っています。

山本さんのすごいところは、どこへ行っても軍団山本ができること。宮崎に住んでいた頃は、僕らも心配だからたまに顔出していたんです。すると、いつの間にか宮崎の軍団山本ができていた。宮崎版の遠藤がいて、宮崎版の淳やワッキーもいる。僕らと同じ空気を持つ軍団が宮崎でも形成されていて、楽しくやっているんです。また広島にいたときにも、広島版の遠藤や淳がいる軍団山本が存在していた。

何年か前に、芸能界に復帰してから僕ら本家・軍団山本と、宮崎の軍団山本で会食したことがありますが、みんな同じことを言うんです。

「やっぱり優しいよね〜」

「誘われたら断りにくいよね」

「一緒にいると楽しいよね」

それが山本さんの人徳なんでしょうね。自然と人を惹きつける。不思議な人です。

今や軍団山本の主要メンバーも結婚して、子どももできて、集まる機会はぐっと減りましたが、全員が独身だったかつては年末〜二が日にかけて正月旅行に行くのが定番でした。

9月頭くらいから動きだし、山本さんの「任せるよ〜」のひとことでメンバーたちのプレゼンタイムが始まります。

「プーケットはこんなところがありますけど、どうですか?」

「近場でわちゃわちゃできて、遅れてくる人も合流しやすいグアムはどうですか?」

すると、山本さんが聞くんです。

「ていうかさ、お前らはパートナー付きだろ?」

「一応、そうですね」

「そこでしょう、まずは。場所よりも俺のパートナー探しからでしょ」

「……そうですね」

最重要事項のパートナー探しが命じられる。なぜか冬の大きな旅行のときだけは必ず山本さんにパートナーがいないんですよね。

「ええっと、条件はありますか?」

「遠藤はあいつだろ、淳はあいつだろ……そりゃあ、芸能関係がいいでしょうよ」

「……わかりました」

こうして僕たちはおのおの現場で勧誘を始めるわけです。山本さん自身はまったく動かない。

「すみません、お時間大丈夫ですか？　ちなみに年末のご予定はどんな感じですか？　旅費もお土産も全部こちらで対応します。身ひとつで来ていただければ……」

「ちょっとそれは……」

「ですよね〜」

当然、深追いはしません。そして淳と顔を合わせるたびに進捗を確認する。

「そっちはどう？」

「ちょっと厳しいっすね」

「俺も厳しいな」

一通り断られたところで山本さんに報告。年末年始のどこも混雑する時期ですから、さすがに航空チケットやホテルを手配しておかなければいけない。

最終的に、出発日には山本さんのパートナーとして2個上のおっさんが来るパターン。制作会社の社長さんで、独身。ほかのメンバーは彼女と来ているので、飛行機ではその彼がいつも山本さんの隣の席でした（笑）。

そんな山本さんも、西野未姫さんというすばらしい方とご結婚されました。軍団山本の若頭としてうれしさもひとしおです。

婚姻届の証人の欄には、僕と鈴木紗理奈さんがサインしたのですが、その際に「そういう縁やったんやな」という話が。まず僕と紗理奈さんの誕生日が7月13日で同じなんです。そして紗理奈さんのお子さんと山本さんが同じ誕生日。僕の長男と西野さんの誕生日が同じ。未姫ちゃんもいわば運命共同体、こうなる運命やったんですね、という話で盛り上がりました。

今後旅行の際はファミリー同士のお付き合いになりそうです。旅行先のプレゼンも変わってきますね！

「淳、人におしっこかけたらあかんのやで」

非常に優秀な後輩で思い浮かぶのは、やはりロンブーの淳。若い頃から「僕、周りから変わった人間、『こいつ、いったい何者なんやろ』って思われたいんですよ」みたいなことを言っていた。

実際、ビジュアル系ロックバンドを結成する一方で、大学院を出たり、政治・経済を語ったり。ジャンルを絞らず手広くチャレンジしているのが、まさに有言実行。ちゃんと自分で計算して、考えを具現化してきたのがすごいですよね。

銀座7丁目劇場で初めて出会ったとき、僕は22歳、淳は20歳でした。

今でこそ政治家になるんじゃないかと噂されるほどのタレントになっていますが、実は人として当たり前のことをイチから全部教えたのは僕かもしれない。

僕の部屋に泊まりに来たとき、布団も畳まずそのまま出ていったから、

「淳、人の家に泊めてもらったら布団は畳むんやで」

一緒にタクシーに乗ったとき、何も言わずに降りて先に行くから、

「淳、先輩と一緒にタクシーに乗って移動したら、先輩がお金を払う間、後輩はドアの外で待っていて、払い終えたら『ありがとうございました』ってお礼を言うんやで」

究極は、淳いわく僕とすごく仲良くなりたかったということで「遠藤さん、一緒にお風呂入りましょう」と誘われたときのこと。

僕が髪の毛のシャンプーをシャワーで流していると、別の方向から1本、シャワーが降ってきた。なんやろと思って顔を上げたら、淳が僕におしっこをシャーッとかけていた。

「淳、先輩――いや人におしっこかけたらあかんのやで」

優しく諭しました。

というか、当たり前すぎてびっくりでしょ? 20歳になって学ぶことでもない(笑)。淳本人も「遠藤さんにいろいろと教わった」と言っていました。


それからあれよあれよという間にスターになっていくわけですが、最初に淳をスターやなと実感した出来事があります。

お互いにまだ20代前半で、夜な夜な渋谷でナンパをしていました。「すいません、一緒にご飯食べに行きませんか?」と声をかけても全然つかまらないとき、少しずつテレビに出始めていた淳が「仕方ない、奥の手を使うか」と言いだした。

カバンからおもむろに取り出したのは、当時のトレードマークである白いヘアバンド。淳がパッと着けた瞬間、周辺にいた僕らに見向きもしなかった女の子たちが「淳じゃない?」と色めき立ち、ワーッと寄ってきた。

それを見て、「スターだな」「テレビで売れるってこういうことか」と。

ココリコもテレビに出たりはしていましたが、なんとなく万人受けするような感じ。ロンブーのほうが出方がセンセーショナルで、若者にうまく刺さっていた。

彼らはそれまでの芸人のあり方、決まりみたいなものをことごとくぶち破っていきましたからね。

例えば、単独ライブをやるとなったら当時は吉本興業が運営する劇場で行うのが普通。ココリコも初めての単独ライブは銀座7丁目劇場でした。でもロンブーはもともと原宿のホコ天で活動していたこともあり、原宿クエストで単独ライブを行った。

さらにオープニングも、電飾に彩られたステージの中央に金網が張られ、それをロンブーの2人がチェーンソーで切って出てくるんです。今までのお笑いライブでは見たことのない演出に、先輩ながらに「かっくい〜!」とうらやましかった。

今でこそ髪を染めている芸人はたくさんいるけど、90年代にそれぞれが赤と金に染めたのも衝撃だった。芸人が髪の毛を染める=ヨゴレ、みたいな時代でしたから。それを「人気があればいいでしょ」「おもしろければいいでしょ」と、自分たちのスタイルをためらいなく貫ける姿に憧れた。「そりゃ、若者たちに支持されるわ!」と思ったものです。

淳の人気を目の当たりにして、僕は素直に「わー、すごいな〜」と感心した。

ただ何を勘違いしたのか、いや単にアホなだけか。「よし、こんなに女の子が寄ってくるなら僕もそうしよう」と、普段テレビでヘアバンドなんて着けたこともないのにヘアバンドを買ったんです。しかも、先輩としてのプライドがあったんでしょうね、淳とまったく同じはかっこ悪いと思って、色はグレーを選んだ。

大した違いないやんけ！

苦手な人？めちゃくちゃいます

こうしてさまざまな交友関係を書いていると、僕が誰とでもうまくやっていける、処世術に長けた人間と思われるかもしれません。

でも実際はそれほど長けているわけではない。どちらかというと、ちょうどいい距離感を保てているだけ。だから芸人以外にもミュージシャンや俳優さん、アスリートなど交流は幅広いですが、正直言って浅い。

それに、嫌いというか苦手な人もめちゃくちゃたくさんいます。特に僕が苦手やなあと思うのは、目を見ない人。目が笑ってない人もかな。とにかく目が大事です。一緒に仕事をしていく中で、お互いに興味がないとやりづらさを感じる。相手への興味のなさって、なんとなく目を見てたらわかる気がします。

若いときは、いろんなものを守るために仕方なく付き合わなあかん人もいた。自分に嘘をついて「好きですよ」という空気を出しつつも、心の中では「しんどい」「つまらない」と思ってしまって苦しかった。でも、年齢を重ねるに従って「もうそんなことせんでええやろ」と思えるようになったんです。

だから今は、無理してまで面倒くさい人とはわざわざ付き合わない。本当に好きな人としか一緒に過ごしません。相手からどう思われているのかも気にならない。僕のことを嫌いな人は僕も嫌いになるのでなんの問題もないんです。おかげでストレスフリーな毎日を送っています。そして、今付き合っている方たちは勝手に僕とは運命共同体だと思って大事にしていますね。

アダルトDVDを探してどこまでも

スターの方々の仕掛けの速さには追いつけませんが、比較的僕も思い立ったら即、取りかかりたい人間です。気になることにはすぐに手をつけないと気が済まない。やりたいことを全部できるほどの財力はないですが、できる範囲であれば、まずやってしまうのが僕。妻が知らないうちに家の壁のクロスを替えたこともあります。

ただケンカにはならない。なんとな〜く匂わせておくんです。

「この前行ったお店の雰囲気、良かったよな。この部屋のクロスもああいう感じにするのどう?」

「いいんじゃない?」

その返事は僕にとってはゴーサイン。すぐに業者に電話をして、翌朝8時に来てもらう。作業が終わってから奥さんには事後報告です。

「一応こんな感じに仕上げました」

「お金は?」

「自分が使える範囲でやりました」

それなら、と妻も了承してくれるわけです。

今から10年くらい前、独り身だった頃のことです。何かで紹介されていたアダルトDVDにめちゃくちゃ心惹かれて、どうしてもすぐに手に入れたくなった僕はその日の夕方に近所のレンタルショップをすべて回りました。

でも、まったく見つからない。

そこからどんどん探すエリア範囲を広げていき、けっこう遠い場所でようやく発見。すでに深夜2時を回っていました。喜び勇んでDVDを手に取り、「これください」と受付カウンターへ。すると……。

「これレンタル専用なんです」

「いやぁ、俺はレンタル嫌なんです。売ってもらえませんか?」

「お客さん、本当に無理なんです」

「お願いします!　なんとか売ってください」

押し問答が繰り広げられます。最初は店員さんも僕を「お客さん」と呼んでいたのに、途中から「遠藤さん」に変わるんです。

「遠藤さん、勘弁してください（笑）」

もうバレバレですよね。こんなアホみたいにやりとりをした結果、お店のルールということで仕方なくレンタル。しかも見たら、そんなに大したことなくて、買わなくて良かった。猪突猛進もほどほどに、ですね。

知らないおっさんに"気"を入れられた話

優秀な先輩・後輩に恵まれたとはいえ、カリスマ性もないのに30年も芸人として生き延びてこられたのはなぜか。この本を書くにあたって過去を振り返り、その理由を探ってきましたが、もしかしてこれが実は大きく関係している？　と思い当たる不思議な経験をしたことがあります。

『いいとも！』の準レギュラーではあったけれど、まだまだ借金だらけだった25歳のとき。僕には付き合っていると思っていた女性がいました。

舞台女優をしていた彼女には、どうやらパパ的存在の彼氏がいた模様。早い話が僕は単なる浮気相手だった。ある日、その子から電話がかかってきたんです。

「大変なことになった。バレちゃった」

「バレたって、何が?」

「この関係が彼にバレた」

バレたも何も、そのとき僕は彼女と付き合っていると信じていたので寝耳に水。

「えらい怒ってるから来て」

「……(マジか、最悪やな)」

でも呼び出されたからには行かないわけにはいきません。

訪ねたのは、渋谷の道玄坂に並ぶ雑居ビルのひとつに入っている、一見普通の会社。受付で奥の部屋へと促されドアを開けたら、薄暗い中にロウソクが立っていて、和服を着た推定40代以上の恰幅のいいおっさんが座っていた。しかも、坊主。見た目は完全に〝あっち〟の人です。

「遠藤と申します」

「知ってるよ。そこに座りぃ」

着席したら、おっさんのそばに彼女の姿もあった。

「自分、うちのとできてるやろ」

「はい、僕ちょっと知らなくて。すいませんでした」

素直に謝ると、おっさんは彼女を見ながら「こいつがアホやねん」と。

「こいつが舞台女優として売れるために、俺の〝気〟を全部こいつにあげててん。実は俺な、そういう力を持っててんねん。なのに、その気を君が、エッチをしているときにそっくりそのまま吸い取ってもうてんねん」

僕が気を吸い取っているのは、『いいとも！』を見てわかったとのこと。ふざけている僕のおでこから、おっさんが彼女にあげた気がぴーっと出ていたらしいんです。それで彼女に「お前、この男となんか関係あるやろ」と問い詰めて浮気が発覚したそう。

「だから、こいつは売れへん。その代わり、君は売れるから」

「あ、そうですか」

あまりに現実味のない話でしたが、合わせるしかありません。すると……。

「今日は改めて、ちゃんとした気を入れてあげるから」

「……わかりました」

「じゃあ、上半身を脱いであぐらをかいて。目をつむって」

言われた通りにすると、おっさんは呪文のようなものを唱えながら僕の周りをぐるぐると回り、最後に思いっきり肩を「ふん！」とたたいた。

「はい、これで気が入ったから。それと、この先君にはいろんな仕事が来るだろうけど、これだけは守って。常に前髪を上げて、おでこを出しておくこと。第3の目じゃないけど、君のおでこからいい気がばんばん発せられて、いい仕事がたくさん舞い込んでくるから」

呼び出された時点では、彼女と浮気している男としてしばかれるものだと覚悟していたのに、まさかの展開で気が抜けた。

「君、これからがんばってね。そしてこの子とは今日を最後にもう連絡を取らんといてね」

「わかりました。今日はありがとうございました」

そう約束を交わし、僕は服を着て家に帰りました。

嘘みたいな話でしょ？　でもそこから一気にレギュラー13本ですからね。現場に行くたび、当時のマネージャーが「遠藤さん、新しい仕事が決まりました」って。しかもその頃の写真や映像を見ると、全部おでこを出しているんですよねぇ。

たまにふと思い出して、記憶を頼りに会社があった辺りに行ってみるんですが、街も変わっているんで見つからない。謎のおっさんが実在していたのかも不安になるほど。『笑ゥせぇるすまん』のリアル喪黒福造ですよ。

あれからずいぶん経つから、もう一回会って、気を入れ直してもらいたいなぁ。

第5章　これからのココリコ、そして遠藤章造

大好きな趣味が仕事になってきた

僕は不器用だから、多趣味ではない。そのぶん、好きなことには真剣に向き合い、地道に続けてきました。おかげで、〝縁とタイミング〟に恵まれて、野球やゴルフといった趣味・特技が仕事につながっている。

野球関連だと、2022年はプロ野球オールスターゲームで副音声を担当したり、『夕刊フジ』で連載を持ったり。ゴルフも自分のYouTubeチャンネルで配信しているし、ローカル局で冠番組を持たせてもらってもいる。

自分から仕事にしようとしたわけではありません。人間関係と一緒で、いろんなところで〝好き好きオーラ〟を出しまくっていたからでしょうね。「そんなに好きなら、この企画は遠藤にお願いしてみようか」とキャスティングしてもらえた。

好きなことには努力をいとわず、とことんまで深掘りしていくから、浅い知識ではなく深い部分までしっかり話せるところも評価してもらえたのかもしれない。

野球、阪神タイガース、ゴルフ、さらにはとんねるずさん、ダウンタウンさん、タイガーウッズ……心にズドンと直撃したものに関しては、カルトクイズ番組に出たらたぶん、優勝できると思いますもん。

その代わり、そそられないものにはまったく興味が持てない。だから情報番組のコメンテーターの仕事が来ると、「えっ、俺でいいの?」と不安になるくらい。

ただし、背伸びをしないと決めている。若いときには〝なんでもできますスタンス〟を取っていたこともあるんです。仕事が来たら付け焼き刃で知識を入れればいいと思っていた。でも、ことごとく失敗した。興味がないから頭に入ってこないんです。セリフをしゃべっているような感じになって、自分も楽しくない。だから、そういう仕事のやり方は早々にやめました。

今は、わからない話題には「ごめんなさい、僕にはよくわからないんですが、どういうことなんですか?」とカメラの前ではっきり聞きます。よくいえば視聴者目線かもしれませんが、おそらくもっと下の目線である可能性大。それでもアホを隠しません。無理して賢く見せても仕方ない。メッキはすぐにはがれますから。

そのときどきに自分ができることを精いっぱいこなす。雨の日も晴れの日も〝ホホホイ日和〟とでもいいますか、そんな日々の繰り返しです。

だからゴルフはやめられない

野球は今や見る専門、やっても子どもとキャッチボールする程度ですが、ゴルフは現役バリバリです。

きっかけは、親父。野球だけでなくゴルフも好きで、僕がまだ10代前半の頃にたまたま親父とその友達の会話を耳にしたんです。

「息子さんがおるから、将来一緒にゴルフできるやん」

「そうね、息子が一緒にゴルフをやってくれたらそんなうれしいことないなぁ」

そんな期待を聞いてしまったからには応えたいのが僕。「いつか実現させたらなあかん」と心の片隅にずっとありました。

ようやく実現したのが、19歳のとき。社会人になって親父と1回だけ行きました。スコアは125。運動神経には自信があったから、「うわ、全然できへんやん」と余計にガッカリしましたね。

その後、芸人を目指して上京し、吉本に入ったので、まったくゴルフをする状況にはなかった。むしろ、ゴルフのことは忘れて日々を過ごしていました。

29歳のときのこと。『黄金伝説』でグアムロケに行ったんです。1日空きができて、プロデューサーさんやディレクターさんと「じゃあゴルフでもします?」となった。レンタルクラブで一式借り、ウエアを適当に買って久しぶりにやったところ、「うわ、やっぱり面白いかも!」と再認識し、ゴルフを趣味にしていこうと決心しました。

それからは3年ぐらいは、ゴルフ漬け。仕事もめちゃくちゃ忙しくて休みもない時期でしたが、早朝にちょっとでも時間があれば24時間営業のゴルフ練習場へ。300打席ほどある大きな練習場は、早朝4時30分だと4人くらいしかいない。そのうちのひとりが僕でした。

「好きこそものの上手なれ」やないけども、ハマッたら早起きもしんどくならないし、努力を努力とも思わないアホになるんです。

打ち終えた足で現場へ行くのもしょっちゅう。収録が終わったらまた練習場へ向かったり、少し時間に余裕があれば一回家に帰ってからゴルフ場へ行ったり。

当時はYouTubeなどはなかったのでゴルフ雑誌を2、3冊持って行き、参考にしながらいろんな打ち方を試す、我流の練習法。うまくなりたい一心で、ひたすらゴルフ三昧の生活を送っていたおかげで、これから年をとっても楽しめるくらいの腕前にはなれた。

というのも、よく（ビート）たけしさんがおっしゃるんです。「趣味というのは、60歳、70歳を過ぎたときに始めようとしても、いくら時間もお金もあったところで絶対にできない。その時点でうまくなかったら楽しめない」と。たしかにそうだなぁと思います。

このときの3年で、100ぐらいのアベレージだったのが一気に70台までレベルアップ。72打のパープレイが頻繁に出るようになった。

かといって、競技に出て優勝したいという気持ちはまったくないんです。基本的には、エンジョイゴルフ。ある程度基礎ができてからは練習にも行かなくなり、遊びで定期的にコースを回るくらいに落ち着いています。

ゴルフの魅力は、なんといっても〝ボーダレス〟であること。年齢も性別も腕前も問わず誰もが一緒にコースを回れるんです。僕自身、自分のYouTubeチャンネルで小学生とやることもあれば、レジェンド級のおじいちゃんとやることも。こんなスポーツはゴルフだけと言っても過言ではない。

というのも、ゴルフは年齢や性別、腕前に合わせてティーイングエリア（最初の1打目を打つ場所）をどこにするか自分で決められるんです。またハンディキャップ（ハンデ）も設定できるので、うまい人も初心者も公平に楽しめます。

それこそ、僕が初めて親父とやったときは、40代半ばの親父がティーイングエリアの一番後ろ、19歳の僕は前から。その差がどんどん縮まり、同じ位置から打つようになり、今では逆転。ハンデをもらっていたのがゼロになり、今度は僕があげるほうに変わった。親子の年齢が76歳と51歳になっても一緒に同じスポーツができるって素敵ですよね。野球はさすがに76歳の親父はできない。人数をそろえるのも大変ですしね。

でもゴルフはひょっとしたら、親父とうちの6歳・5歳の息子たちが互角に勝負できる。うちの奥さんも、おかんも一緒に回れる。こんないいスポーツはない。だから、家族旅行に行くときは必ずゴルフ場があるところを選んでいます。

ゴルフのおかげで交友関係も広がった。憲武さんや浜田さんをはじめ、所さんやさんまさんと一緒に回ったこともある。それこそ普段なら絶対にひとこともしゃべられへんような人ともお付き合いが生まれました。

水谷豊さんや佐藤浩市さん、舘ひろしさん、奥田民生さん……。極め付きは、野球少年だった僕が神様のようにあがめていたミスタータイガース、掛布雅之さんとゴルフをすることもある。夢のような時間を過ごしています。

またコロナ禍前はゴルフ後に一緒に食事をすることもありましたから、さらに交流も深まったものです。

「実は今こういうことを考えてて」

「じゃあ一緒にやろう」

そんなふうに新たな仕事が生まれるきっかけにもなりました。

ゴルフはこれからも体が動く限り、ずっと続けていく。先輩方もまだまだ元気にゴルフをやってらっしゃいますしね。その姿にも刺激をもらっています。

吉本芸人で誰が一番ゴルフがうまいのかを決める『G－1グランプリ～吉本ゴルフNO・1決定戦～』というトーナメントが毎年開催されていて、2021年にオール巨人師匠と一緒に回らせてもらったんです。

師匠は71歳で僕の20歳上。でも僕より飛ぶんです。ほかにも（月亭）八方師匠や（間）

寛平師匠といった70歳オーバーの方々も参加されていて。ルール上は、ティーグラウンドも前の位置から打っていいのに、全員後ろからいく。「前から打って勝ったってね」みたいなプライドがあるんでしょうね。

しかもトーナメントでは上位3人がプレーオフを行うんですが、その中に巨人師匠と八方師匠が入ってきましたからね。カッコ良すぎるでしょ!

僕も70歳になったときにそんなプレイができるように、今のうちから体を鍛えておきたいなぁ。加えて、自分の子どもたちとも一緒に回れたら最高ですね。

子どももたまに打ちっぱなしに連れて行くんですよ。

ただ、都内は高い。一番近いゴルフ場なんて、1球40円しますからね。3球打ったら缶コーヒーが飲める。

それを何もわからず子どもはバンバン打つから、こっちは「おい、待て待て待て」と焦っちゃう。だから田舎へ行ったときになるべく練習させるようにしています。

親バカかもしれませんが、けっこうセンスがいい。今息子がハマッているのがゴルフと、メジャーリーガーの大谷翔平選手なんで、野球もゴルフもどちらもさせて、本当の二刀流ができたらええなぁなんて野望を抱いています。

結婚も離婚も芸の肥やし⁉

プライベートが仕事に役立っているという点では、時代の流れなんでしょうね、僕の奥さんがブログを始めた。僕自身は運用に1ミリも関与していないけど、ちょこちょこ登場はしています。その流れで、仕事というほどではないけれど、僕もYouTubeチャンネルなどで息子たちと一緒に何かをやる機会が増えた。

僕には、前の奥さんとの間に娘がひとり、今の奥さんとの間に息子が2人います。子どもたちに対しては基本的に放任で、周囲からはよく「めちゃくちゃ子どもに甘いね」と言われるほどゆるい。

また、男兄弟の家にありがちな「パパが長男で、息子2人が次男と三男」という表現は、我が家にもそっくりそのまま当てはまる。もちろん親ですから、「いよいよのときはパパ怒ったらどうなるか知らんで」というような緊張感は常々持たせていますが。普段は息子たちと同じレベルではしゃいで、一緒にママに怒られるパターンです。

わりと僕は芸人の中でも、結婚や離婚を都度いじられてきたほうですよね。ことさら『ガキ』では。

僕自身、隠していない。等身大の僕、ココリコ遠藤章造を世間の皆さんにかわいがってもらえるかどうかが大事なので、その時々で僕に起こったことをさらけ出してきたつもりです。

さらけ出すことで当然いい影響も悪い影響もあります。特に離婚は、どちらの目線に立つかで賛否が分かれる。でも僕は「それが世の中や」と、ある意味達観しています。心は常にニュートラル。世間の声を必要以上に恐れず、また振り回されることのない生き方はしていると思います。

ニュートラル＝何も考えていない、ではありません。どんなふうに思われても対応できるのがニュートラルだと僕は認識。タモリさんに言われた「なんにでも変われるようにしておきなさい」という言葉がまさにそういうことだと実践しています。

かといって、メンタルがずっと安定しているかといえばまったく違いますよ。競馬やボートレースで負けたらイライラ・ドキドキするし……って、当たり前か。

結局のところ、周りに優秀な人たちがいてこその自分なので、「なんとかなるっしょ」

と楽観的に考えられるんでしょうね。ほんま、みなさんのおかげです！

みなさんのおかげといえば、森進一さんのモノマネ芸もそうです。「今さら森進一さんのモノマネ!?」という反応を逆手に取って、変に作り込むわけではなく、全力でやった結果、周りが楽しんでくれた。

スベったスベってないという次元ではないというか、積み重ねることでウケにまで持っていける。それこそ、周りに助けてもらって生まれている笑いだと思っています。

ココリコで汗をかいていく

2021年にYouTubeの『ココリコチャンネル』を開設したことで、再びコンビで汗をかくようになりました。

大きなきっかけがあったわけじゃありません。2人とも50歳となり、コンビ結成30年を機に、というのは後付け。どちらかが一方的に提案したわけでもない。不思議とお互いが同じようなタイミングで、同じようなことを考えていたんです。

20代後半から40代前半くらいまではテレビで自分たちの番組をやらせていただいていたので、田中さんと会う機会が多かった。それが、気づけば２人だけで何かをする仕事がなくなっていたんですよね。


『ガキ』以外で田中さんと会ってないなぁ。

コンビで汗かいてないなぁ。

一緒に同じ空気を吸いたいなぁ。


ここ数年、そんな思いがずっと心のどこかにありました。


そして、２０２０年の12月。『ガキ』の収録が終わり、「今年はもうたぶん会わないな」というタイミングで、「今日、少し時間ある？」と田中さんに声をかけた。

楽屋とは別に部屋を取ってもらい、２人で向き合いました。

「最近、２人でなんもやってないし、なんでもええから一緒に汗かきたいんやけど」

「実は俺もそう思っててん」

田中さんも同じ気持ちだとわかって、やっぱりコンビやなとうれしかったなぁ。「じゃあなんかやろうか」となって、その日は解散。再び集まったときに、「2人の原点であるコントができたら楽しいよね」とまとまった。

以来、月に1〜2回は集まって、お互いにネタを持ち寄り、『ココリコチャンネル』の企画会議をしています。

久しぶりの2人でのコントはすごく楽しいし、充実している。第一章にも書きましたが、2人の関係性が友達に戻ってきているからでしょうね。チャンネルを見てくれている人を笑わせたいのは大前提ですが、まずはお互いが楽しいかどうかを優先しています。

ビジネスパートナーでありつつも、根本は友達なんやな。コントをしていると、そんなふうに再確認できるのが心地いいんです。

田中直樹という存在

改めて田中さんという人について、この本を書くにあたって考えてみた。田中さんとコンビを組んで30年がたって、家族と同じくらいの感謝の気持ちがあります。というか、感謝しかないですよね。

田中さんのことを考えるとストレスばかり感じるときもあったけど（笑）、今は思い浮かべていても一切ストレスにならない。それってすごいことやと思う。

田中さんも僕もお互い子どももも大きくなって、父親・田中直樹の顔や遠藤章造の顔がある。だけど2人でいるときに、その顔を感じたことはないんですよね。今はもう、ココリコの田中っていう感じもなくなって、いち〝田中直樹〟になった。僕が昔から知ってる直ちゃんになった。だからお互いがどうやったら気持ちよくいられるかを一番に考えてる気がしますね。付き合う前のカップルくらいお互いの気持ちいいところを探り合ってると思う（笑）。

田中さんがどう思っているかはわかりません。だけど僕にとっては、家族・血縁関係を除いて一番大事な人で絶対必要な人……なんですけど、実は一番知らない人なのかもしれないです。「田中さんってどういう人ですか?」って聞かれても「とにかく優しい人です」以外に何も出てこないから(笑)。

それぞれの仕事に関しても、田中さんが出ている番組を見なきゃいけないとも思わないし、逆に見ないでおこうとかもない。意識してないっていうのが近いかな。ベタやけど僕にとっては空気みたいな人で、いないと困るけど、いて当たり前になってるんですよね。

それこそ、この本で語った浜田さんや憲武さんにだって、田中さんがいてくれたからこそ出会えてるわけで、究極のところ今、僕に家族がいるのも田中さんのおかげやと思っています。

コンビって不思議なもので、組んで3年、5年、10年……どんどん関係が変わっていくものなのかなと思うし、コンビごとでも違ってくる。

ただ現時点の僕の感覚、ココリコというコンビ間では「直ちゃん」「遠ちゃん」と呼び合っていた、出会った頃のような関係性でやっているんです。

引退

コントを通じてキャラクターを演じるのが『ココリコチャンネル』とすれば、僕の素が全面に出ているのが、２０２０年に立ち上げた個人のYouTubeチャンネル『ココリコ遠藤のヘンなカタチ』。今はゴルフがメインになっていますが、もともとはいろんなことにチャレンジしてみて、自分が楽しめたことに絞ってやっていこうと思って始めました。

この年齢になると、爪痕を残してやろうと肩をぐるぐる回すのはしんどいんでね。企画に追われるよりも、自分が楽しんでやれていればそれでいいというスタンス。そんな僕の姿を見て笑ってもらえればうれしいなぁ、くらいの感じです。だから、しんどくなったらすぐにやめる可能性もあります。

というのも、これからは1日が早く感じるような人生を送りたいんです。そのためには、しんどいことを無理して続けるよりも、楽しいことを自ら積極的に見つけていくほうに時間を割きたい。

ちなみに今は、１００均で売っているという、便座を触らずに上げ下げできるアイテムを探す旅に出ています。アホでしょ？　でも意外と見つからないんです。ネットでポチッとすれば簡単に買えるんでしょうが、それはあまり好きじゃない。自分の目で見て、手触りなども直接確かめて、納得してから買いたいんです。ちゃんと足を動かして探しているから、時間が足りない。朝の9時から動きだして、気づけば「えっ、もう13時!!」なんてことも。

さらに並行して、自分の部屋のカーテンを留める、ええ感じのタッセルを探す旅の途中でもあります。壁のクロスを替えたときに、もともとのタッセルの色がなんか合わんなと気になってしまって。イメージする色はあるんですが、これもなかなか出会えない。

そんなことを考えていると、1日があっという間に過ぎていくんですよね。

ハワイに別荘を持ちたいとか、木更津にも家を買って遊び場にしたいとか、健康で病気にならないとか……理想の人生設計はいくらでもありますが、そういう何気ない日常が続いていくことが僕にとって最高の幸せなのかもしれません。

だから、引退を考えたこともまったくないです。だって優秀な先輩方がまだまだお元気ですし、優秀な後輩たちもたくさんいる。そんな縁のある好きな人たちの中で、60歳になっても70歳になってもちょろちょろと動いていたい。それだけです。

そもそも僕、子どもの頃から計画性ゼロ。小学校のときの通信簿にあった「筋道を立てて考える」という欄は、6年間オール×でしたから。

考えるよりも、流れに身を任せて、とにかく楽しむ。

よく「やまない雨はない」と言いますけど、僕は、やまない雨の中でも楽しみたい。「なかなかやまへんな〜」と笑っていたいんです。

降っている間はずっと我慢して耐えて、「よし、やんだから行こうか」じゃ遅いかもしれない。だって、また雨が降ってきたらどうするの。再び立ち止まるくらいなら、「雨めんどくせ〜」と言いながらも雨の間を楽しんだほうがいい。

「踊る阿呆に見る阿呆、同じ阿呆なら踊らにゃ損々」でしょ？

嫌なことも面倒なことも泣きたいことも、まだまだたっくさんあるけど、僕は踊るほうを選んでいきます。

アホみたいに踊っていたら、いつのまにか晴れてるかもしれませんよ。

おわりに

最後まで読んでいただき、ありがとうございました。40、50のカリスマ性のない芸人が書いた本ですから、爆発的に売れるなんてことはまったく思っていません。売れるわけがない！

ただ、僕の娘や息子たちに親父はこんな人間やったとわかってもらえたらいい。そういう本になるように正直にここまで書いてきました。

僕の名前は、〝章を造る〟で章造です。流れに身を任せてきた人生なので、筋道を立てて一章、二章……を造ってきたわけではありません。なんとなーく雰囲気でここが一章かな？　このあたりが二章かも？　アバウトなのが僕。でも……いや、だからこそ今まで楽しく暮らせてきた。そしてこれからも楽しさを優先する生き方を貫いていきます。

息子たちの名前に〝楽〟という字を選んだ由来もまさにそう。

いつか必ず壁にぶち当たる。「えっ、どうしよう」と焦るときが来る。そんなときには「上を向きなさい。空を見ていると楽しくなるよ、楽になるよ」。そういう思いを込めて、長男は「空楽（そら）」。次男には、「君は歌を口ずさみなさい。そうしたらいつの間にか楽しくなってくるから」。そう教えたくて、「歌楽（うた）」と名付けた。

そして、「君たちの名前を付けたパパが一番楽しみますよ」という宣言でもあります。

パパはこれからも100均で便利グッズを探す旅が楽しいし、ゴルフでいいスコアを出すのも楽しい。一方的に憧れていた先輩方と同じ世界に飛び込んで、その方たちの頭の中でパパの顔と名前が一致しているのが楽しい。

そして、これから活躍していく若いスターたちの頭の中にもパパの存在がひとかけらでも刻まれるように、がんばっていきます。

君たちにもそんなふうに自分の人生を楽しんでもらえることを願って。

そして、君たちにそんなメッセージを伝えられるのも、今の奥様、前の奥様（今の時代、奥様という言い方は良くないのかもしれませんが。妻？　ワイフ？）のおかげです。本当に感謝しています。

この本でもたくさん語らせていただいたスターたちから共通して言っていただいたのは、「遠藤は笑っといたらええねん」という言葉でした。だからこれからもアホのままでいようと思います。

やっぱり吾輩はアホである。

2023年3月　遠藤章造

吾輩はアホである

2023年4月24日　初版発行

著者　遠藤章造

発行人　藤原寛
編集人　新井治

編集　井澤元清
編集協力　矢羽田佳奈
構成　ヨダヒロコ（六識）
撮影　吉岡真理
マネジメント　小林祥大
営業　松下森
装丁　三宅理子

発行　ヨシモトブックス
〒160-0022
東京都新宿区新宿 5-18-21
Tel：03-3209-8291

発売　株式会社ワニブックス
〒150-8482
東京都渋谷区恵比寿 4-4-9 えびす大黑ビル
Tel：03-5449-2711

印刷・製本　株式会社 光邦

Printed in Japan
ISBN978-4-8470-7267-3
C0095　￥1300E